裁判官の理想像

渋川 満

日本評論社

はじめに

人権の保障と、恣意的権力の抑制のために、あらゆる権力に対して法の優越を認める、とするいわゆる「法の支配」の原則は、近代民主国家の基本的原理だとされている。

この法の支配の直接的担い手である法曹（裁判官、検察官、弁護士。広義では法学者も含む）は、当然のことながら、プロフェッショナル（専門家）として深い専門的知識・識見・能力と、豊かで優れた人間性・倫理観を備えることが不可欠だとされてきた。この両者の関係は、いわば車の両輪のようなもので、肝腎な専門的知識、識見などが欠けていれば、いくら人間的に優れていてもプロフェッショナルとは言えないし、また人間的・倫理的に欠陥のある人はいくら専門的知識・識見などを備えていても真のプロフェッショナルとは言えない。このような考えを前提として、司法制度改革審議会の意見（平成一二年一一月二〇日付中間報告、平成一三年六月一二日付意見書）および中央教育審議会の答申（平成一四年八月五日付）に基づき、周知のように、平成一六年（二〇〇四）四月から、前述の専門的知識・

識見・能力と豊かな人間性・倫理観を備えた法曹の養成を目指して法科大学院が開設された。

法科大学院では、これら教育理念のうち、前者すなわち専門的知識の習得については、知識教育の一環として実施をしてきた（拙稿「法科大学院と司法試験」法の支配一四六号）が、後者すなわち豊かな人間性の育成については、各法科大学院とも、それが新規の履修科目であることもあって、戸惑いながらもその重要性を認識し、ほとんどの法科大学院で、「法曹倫理」科目を創設し、担当教員はその授業内容充実のためにさまざまな試みと工夫を凝らしてきた。筆者も、法科大学院開設時から平成二二年（二〇一〇）三月までの間、白鷗大学法科大学院ほかの勤務先法科大学院で法曹倫理科目の講座を担当し、そこでは、一般的教材のほかに、新渡戸稲造『武士道』（岩波書店）など各種の文献も用いる試みを行った。

それとともに、法曹倫理の抽象的な学習にとどまらず、かつて私どもの年代の者たちが直接ご指導をいただき、偉大な先人として仰ぎ見た魅力溢れる先輩法曹の具体的言動を学生に紹介し、その人となりにつき討論することも、この授業科目の学習として有益なのではないかと考えて実践してみた。本文中に後述する中村治朗さん（元最高裁判事）も「すぐれた先輩と接触してその人たちの経験から学んだり」することの重要性を説かれている（中村『裁判の世界を生きて』判例時報社四三〇頁）。筆者は、約四〇年の就業期間中、そのほとんどを裁判所で過ごしたことから、卓越した人格・識見を備え、模範とすべき先人法曹として知る人は、裁判官にほかならなかったので、裁判官の理想像につき、その一面だけにとどまる憾みはあったが学生に紹介したところ、判例時報誌のご好意によりそれが同誌に掲載された（「先輩から聞いた話㈠〜㈦」、後記「初出一覧」）。

ところで、最近、大学・大学院では、学生から教員の授業が評価されることが制度化され、授業評価書（無記名）を、学生が授業の最終日に提出することになっている。筆者に対する評価書の記述によると、上記先輩法曹の紹介につき、「授業で、先輩裁判官に関する具体的言動を聞き、法曹の世界に行きたい気持ちがさらに強くなってきた」など、学生たちも先輩法曹の生き方を知ることをプラスに受け止めてくれたようであって、消極的意見は見られなかった。また、思いがけないことに、右判例時報の連載をご覧いただいたという何人かの法曹の方々から肯定的ご意見を頂戴した。

近時、裁判が、国民の権利、義務に深く関わっていると世に広く認識されるようになったと感じられるが、その認識は平成二一年（二〇〇九）から実施された裁判員裁判による国民の司法参加制度（裁判員の参加する刑事裁判に関する法律）によりさらに深まってきているように思われる。それに伴って、裁判官について、「裁判員になる市民からすると、短期間でも『同僚』となる裁判官はどんな人なのか知りたいところだ……」（平成二一年六月一〇日付朝日新聞夕刊）との考えもあるように、裁判員裁判では、裁判所の構成員である裁判員の人たちにとって、裁判長、裁判官が人格、識見の面で信頼できる存在であることが、良き裁判のために望まれると言ってよい。

それゆえ、世の多くの人たちに、上記のとおり「法の支配」の担い手である裁判官、さらにその臨床現場とも言うべき裁判所について、理解を得ることは、社会にとって望ましいことであると思われるので、大変僭越だけれども、本書において、裁判官の理想像および裁判所に関するあれこれを紹介させていただく次第である。

なお、本書では、裁判官の理想像として一六人の優れた先輩の言動につき紹介させていただいたが、菊井維大東京大学教授は広義の法曹であられるが裁判官ではないし、小林健治および吉田久裁判官から、筆者は直接ご指導をいただいていないけれども、本書においてお三人とも逸することのできない先人なので記述をさせていただいた。また、本書の初出論稿は本書末尾の「初出一覧」記載のとおりであるが、これらにつき若干の加削をさせていただいた。

本書が成るについては、多くの関係者の温かいご協力と、日本評論社の高橋耕氏および岩元恵美さんから多大のご支援をいただいた。ここに記して厚くお礼を申し上げる。

平成二八年（二〇一六）一月

渋　川　満

第三刷刊行にあたって

本書は、幸運にも、初版刊行以来二回にわたり増刷が実現し、また法曹七八九号（法曹会）、自由と正義二〇一六年八月号（加々美博久弁護士、日本弁護士連合会）および愛知県弁護士会会報六八二号（宮本増弁護士、愛知県弁護士会）などから暖かいご支持を頂戴した。このたび、有難いことに第三刷増刷の機会が得られたので若干の加筆をさせていただいた。今後も変わりないご支援を賜りたく心からお願い申し上げる次第である。

令和三年（二〇二一）七月

著　者

目次

一　裁判官の理想像

——先輩から聞いた話

1　殉教者的プロ意識――中村治朗さん（最高裁判事）

出会い

人は、長い年月のうちには、優れた人格・識見の持ち主であって出会う者のすべてが魅了されるという類い稀な人物に遭遇する幸運に恵まれることもあるものである。

これまで、私は何人かのこのような優れた人に出会う機会に恵まれ、多くのご指導をいただいてきた。

中村治朗《なかむらじろう》元最高裁判事もそのような方のお一人である。中村さんが人格・識見ともに偉大であることについては、裁判所部内では公知のことであり（「中村治朗裁判官追悼」判時一四八四号）、かつ裁判所外でも著名な人であるが、念のため、その略歴を見ると、大正三年（一九一四）二月二〇日生まれ、昭和一五年（一九四〇）裁判官任官、東京地裁判事、最高裁民事・行政局長、同首席調査官などを経て、昭和五三年最高裁判事に就任されている。なお、裁判所では、どなたに対しても「さん」づけで呼ぶのが慣行なので（倉田卓次『裁判官の戦後史』筑摩書房二四二頁）、以下、原則としてそうさせていただきたいと思う。

人は、努力を重ね、経験を積み、またよき先輩からの指導を受けて、次第に成長していくのだと思うが、裁判官の場合も変わりはない。東京地方裁判所勤務中、幸運にも、私は中村裁判長の合議部で、二度陪席裁判官にさせていただいた（裁判所では、合議体における裁判長以外の裁判官のことを陪席裁判官ないし陪席と称している。本書二〇二頁）。

一度目の陪席

中村裁判長の下での一度目の陪席は、昭和四一年（一九六六）四月に、東京家庭裁判所から東京地方裁判所へ判事補のローテーション異動をしたときである（判事補時代にはさまざまの分野の経験をする）。同年三月に、配属中の東京家庭裁判所の内藤頼博所長（後名古屋高裁長官。本書四二頁）から、東京地方裁判所の中村治朗さんの部に異動することが内定した旨の連絡があったので、所属している少年交通部の市村光一裁判長にその報告をしたところ、「中村さんなら、私も陪席裁判官になりたいくらいだ。よかったね。」と喜んでくださったのである。東京家裁で博識をもって知られる市村さんのこの発言は、今考えると、中村さんを知る、当時の後輩裁判官の人たちの心情を端的に示していたと言ってよいように思われる。これは大変なことになった、と恐る恐る着任したところ、中村さんは物静かな学者のような風貌と雰囲気の方だったので、ホッとしたことを覚えている。

中村治朗さん

異動直後の初仕事となった裁判の起案は、中村裁判長により原形をとどめずに書き直された。ところが、この裁判について、著名な弁護士から、文章、内容とも立派な裁判であり敬意を表する旨の丁重な封書の礼状が届いたのである。考えてみれば、私の作成した起案の原形はなくなり、いわば中村裁判長の起案なのだから、表現、内容とも立派なのは当然のことなのである。でも、やはり嬉しかったので、早速中村さんに書状を示して報告したところ、中村さんは、書面を一瞥しようともせずに「勝訴の代理人からの礼状だろう。そんなことに一喜一憂しないで、完璧な裁判の起案をすることだけを心がけよ。」と一喝され、目の覚める思いがしたのである。

配属後間もなく、中村さんが、かつて胃の切除手術をされたことを知ったのだが、これについて、中村民事局長の下で課長を務められ、中村さんのいわば一番弟子とも推測される西村宏一さん（後福岡高裁長官。本書六三頁）から直接伺った話によると、問題が山積していた民事局長時代の超人的激務が中村さんのご病気の原因だとのことであった（西村宏一・前掲判時一四八四号三頁）。中村さんの、仕事に対する気迫溢れる完璧を目指す取組みを目の当たりにして、西村さんの説明に納得したのである。

中村さんは、機会あるごとに、仕事においては「完璧」を目指すべきこと、結論がまとまってもさらに「検算」をすることを忘れるな、と繰り返し厳しく指導し、かつ自らその範を示された。中村さんの陪席裁判官をされた多くの人たちも同様なことを聞いておいでだと思うが、とりわけ粗忽な私には必要不可欠な最高の助言であると考え、このいわゆる検算を徹底するよう心がけてきたつもりである（拙稿「裁判所に顕著な経験則」白鷗法学一二巻一号一三三頁）。他方、中村さんは、当然のことながら、慎重かつ十分な合議を経たうえで新しい結論を示すことには躊躇をされなかった。やや細かな話になるが、建物を収去して土地を明け渡す（建物収去土地明渡し）という執行（代替執行）事件の執行機関は裁判所である（民事執行法一七一条、旧民訴法七三三条）ことから、裁判所から建物収去権限の授与（授権）の決定があれば、それで執行は終了することになり、その後の執行停止は理論的に許されないとするのが、当時の有力説であり、実務上の取扱いとされていた。だが、それでは、債務者救済面で問題なしとしないように思われた。慎重な合議を重ねたうえで、建物収去行為が終了するまでは執行停止ができるとの結論になり、その旨の裁判がされ（拙稿「代替執行手続きにおける執行停止」判タ一九六号五六頁）、それが実務でも学説でも定着したのである。

これに関連すると思われるが、中村さんは、合議において、口癖のように、「裁判は、我々の予想以上に社会に大きな影響力をもっている。だから、考えに考え、慎重のうえにも慎重に判断しなければならない。非常識な結論は、論理の過程のどこかに誤りがあることが多い。」と強調された。中村さんのこの思考は、最高裁による衆議院議員選挙におけるいわゆる「一票の格差」に関する判決（最大判昭和五一年四月一四日民集三〇巻三号二二三頁）に反映されているようだ。周知のように、この判決は、選挙が憲法違反の法律に基づき行われ違法な場合でも、事情があるときは、行政事件訴訟法（三一条。特別の事情による請求の棄却）の基礎に含まれている法原則に従い選挙無効を求める請求を棄却するとともに選挙が無効であることを主文で宣言するべきだ、とするものであって、この判決の理由付けは、当時最高裁首席調査官で、公法理論に精通しておられた中村さんの考えによるものだと噂されたが、そうであったようだ（前掲判時一四八四号八頁）。

中村さん主宰の合議は、陪席裁判官の発言に対し、時々質問を交えながら聞き役にまわられ、最後に、「こういうことでどうか。」と発言されるのが通常であったが、そのときは合議の終了を意味した。その後は、私などがいくら発言しても、周到に考え抜いた先生の講義を聴いているような雰囲気になり、いつも、相撲で言えば、いわゆる褌《ふんどし》担ぎと言われる力士が横綱から稽古をつけてもらっているようだなと感じたのである。

ある合議の際に、証拠の評価に関連し、「思考は、常に柔軟でなければならない。思い込んでしまうと、証拠まで都合良く見えてくることがある。」と言われたことがある。中村さんのこの発言のきっかけについては思い出せないのだが、中村さんが、いつも「仕事のうえでは、先輩でも遠慮するな。」と言われたことに甘えて、私が自説に固執し過ぎたのが原因だったと記憶している。証拠判断において、いつもこの貴重なお言葉を思い出し、自戒したものである。平成二三年の東日本大震災を機に、史料に基づく地震研究の重要性が指摘されているようだが、歴史地震研究会初代会長の宇佐美龍夫東京大学名誉教授が、古文書利用に際しては、「先入観は排除すべきである。いかなる分野でも先入観があると、それにそぐわないものは無意識に排除され、一方では何を見ても裏打ちするものにみえてくる」と説かれている由だが（平成二四年一一月九日付朝日新聞夕刊）、中村さんの前記の発言と同じ趣旨なのであろう。

昭和四三年四月、私は東京地裁から新潟地裁・家裁長岡支部に、特例判事補として異動することになった。特例判事補とは、本来判事補一〇年の経験を経た後に判事に任官することが定められているところ、裁判官不足の事情もあってか、判事補五年を経過した者でも、最高裁の指名する場合は、特例的に判事の職務を担当できることを認めるもので（判事補の職権の特例等に関する法律一条）、このような判事補は特例判事補と称されている。前記の長岡支部へ転任の際、中村さんは、「地方の裁判所では、裁判官につき次々忌避申立てをしたり、裁判官を被告として訴訟を起こしたりするなど個性の強い弁護士がいたりすることがある。訥々としか話ができないとしても、自分の持ち味を自覚して工夫をし、努力するほかない。」という話をされた。ここに裁判官についての忌避申立てとは、訴訟の当事者から、裁判官に不公正が疑われるとして、その担当職務から排除することを求めることである（民訴法二四条）。そのうえで、中村さんは、最高裁民事局長時代に最高裁長官代理で国会答弁をしたときの経験として、「立て板に水のような発言をする人、つっかえながら訥々と発言する人など、発言者はさまざまだが、議員への説得力、信頼性の点で、後者は前者に遜色することがないと感じたものだ。」と、訥弁の私を激励してくださった。前記の裁判所長岡支部に着任してみて、そこが、中村さんがお話された「地方の裁判所」であることが判ったのである。後日伺ったことによると、中村さんは、すでに民事局長時代に、同裁判所支部の実状をご存じだったようだ。この雪国には、筆者の生家もあり、寒いのは慣れていたつもりだったが、多忙のためか二回も肺炎になるなど苦労したけれども、前記中村さんの助言のお蔭で、何とか三年間職責を果たすことができたと思っている。

東京地裁に次の異動が内定していた昭和四六年三月、中村さんから手紙をいただいた。その内容は

「転勤おめでとう。また私の部に来てもらうことになった。着任を待っている」という簡単なものであったが、これまでに、私は、これほど嬉しく、かつありがたいと思う書簡を受け取ったことはない。

◇

二度目の陪席

昭和四六年四月、東京地裁の中村さんの部で二度目の陪席裁判官生活が始まった。着任当日、国会の法務委員会で、いわゆる青年法律家協会（青法協）問題の質疑が行われ、実況放送されるなど、当時、裁判所はこの難問に直面していた。青法協問題とは、判事補一〇年の経験者は原則として判事に任命されるのが一般的であったところ、同年四月に、判事補一〇年を経過した人が判事に任命されないという出来事があったが、同判事補が青法協という団体に所属していたとのことから、再任されなかったのはこの団体に加入していたからではないか、そうだとすると、思想信条の自由、団体加入の自由を侵害するのではないかということが問題とされたのである。この見解に対し、裁判官は、団体に所属するときでも、世人が職務の公平さに疑念を抱かないよう慎重に行動すべきだという見解があり、議論されたのであった（詳細は「特集思想・信条による差別」ジュリスト四八〇号）。当時、私の所属していた東京地裁民事部裁判官で構成される民事部会、さらに民事部判事補会でも、連日のように、終業時間後の夕刻から意見交換が行われた。そして、同民事部会で、安岡満彦判事（後最高裁判事。本書六二頁、七二頁）を座長とする安岡勉強会が設けられ、執務時間終了後に集中的に議論が行われた。

これらの会合では、先輩裁判官たちの率直で真摯な意見に接したが、当時若かった我々判事補たちとは意見を異にすることも多かったけれども、それは限りなくありがたいことであった。はからずも、この会合は、若手裁判官の先輩裁判官に対する信頼を深めるのに役立った極めて意義あるものだったと思っている。この問題について、中村さんは、早くから前記二つの見解のうち後者の考えを示されたが、これが大方の支持を得ていったように思う。

中村さんは、講演など対外的に自己の見解を示すとき、慎重にその内容を文章化されるのが常だった。そして、完成すると、陪席裁判官教育のためであろうか、しばしばそれを陪席に見せたうえで意見を求められることが多かった。お蔭で私たち陪席は、事前にそれを知る幸運に遭遇できたのである。

二度目の陪席裁判官生活も、相変わらず超博学な先生と出来の悪い生徒のような関係に変わりがなかった。だが、三年間地方の支部で事件処理の経験を経たからか、中村さんのお話が少しは理解できるようになったのは嬉しいことであった。この時期は、私にとって、慎重かつ手堅く論理と結論の妥当性を追求する中村さんの姿勢を学ぶ貴重な期間となった。

中村さんの所へは、著名な大先輩から中村さんゆかりの若手の人たちまで、多くの人たちが来訪された。これらの人たちは、どなたも中村さんに対しては、礼儀正しく、かつある程度の緊張感をもって会話されていたのが印象深い。陪席していたお蔭で、著名で優れた先輩裁判官たちを、直接目の当たりにし、声を聞けたことは、それだけでも幸せだったと思っている。

この厳しいが充実した二度目の陪席裁判官生活は、突然中村さんが東京高裁第一七民事部裁判長に転出されたため、残念ながら終了した。

◇

礼節

陪席ではなくなった後も、高裁裁判官室に伺うなどして、中村さんから多くのことを教えていただいた。中村さんが最高裁判事在任中のときのことである。昭和五八年札幌高裁から、私は最高裁の全国裁判官協議会に出席を命じられ、協議会後の懇談会で久方ぶりにお目にかかった中村さんからお話を拝聴していたところ、当時の最高裁長官が会話に加わられたのである。かつて中村裁判長のもとに来訪されたことがあり、その際、長官は「中村さん」と礼儀正しく話しかけ、中村さんは先輩として「○○君」と応答されていたのを拝見していた。だが当夜の懇談では、中村さんは、長官を上席に迎え入れたうえ、丁寧な言葉遣いで対応されたのである。当然のことと言えば当然のことかもしれないが、折り目正しい中村さんの言動に、強い印象を受けるとともに、尊敬の念を新たにしたのである。

中村さんが最高裁判事を退官され、吉祥寺の旧住居近くの成蹊大学前の新居に転居された後は、時間的に余裕がおありのようなので、ほぼ夏と冬の休暇の際に、訪問させていただいた。転居されて初めてお伺いした冬のことである。書斎、寝室など室内をひととおり案内してくださった後、炬燵のあるサンルームのような部屋で、「持ってきてくれた羊羹でお茶を飲もう。」と言われた。それで、私がお茶を入れようとしたところ、「君は客人だからやらなくてよい。」と強くたしなめられ、自らお茶を入れてくださった。中村さんは、客にお茶を入れさせることは適当でないと考えられたのである。同様に、使用した湯飲み茶碗を洗うことも、制止された。田舎者の私は、前述の最高裁の懇談のときのことを含め、人として行うべき基本的マナーの点でも多くを教えていただいた。しかし、中村さんが入れてくださったお茶の味は、恐縮のあまり今でもよく思い出せない。

プロフェッショナル

中村さんを訪問した折に伺ったお話のうちで、「最高裁で、同じ小法廷の他の裁判官担当の古い大型事件（古くて難しい上告事件として法律実務家には公知の事件だった）を事実上引き取って、夏休み中をかけて事件記録を精査、検討し、和解で解決した。」というお話と、「最高裁在勤中、米国に行く時間は作れなかった。今は体力的に無理だ。」というお話が、強い記憶として残っている。

おそらく、中村さんは、同じ合議体の一員として、裁判の信頼を維持するために、周知の右大型長期未済事件（原審、東京高判昭和四九年一二月一九日高民集二七巻八号一〇四七頁。日光東照宮対輪王寺事件）の迅速処理につき超人的努力を行うことを決意し、実行されたものと推測される。この事件に関する論点、処理方法などについての中村さんのご説明は、まるで個人授業を受けている雰囲気であって、今でも厳粛に、かつ懐かしく思い出される。裁判官は、自分の担当事件の処理に手一杯であり、夏休みは自分の大型事件の処理などのために極めて貴重なのであって、その休暇のほとんど全部を、他の裁判官担当の主任事件処理のために費やすということは、想像するのも困難なことと言ってよい。私も、何回か陪席裁判官からその古い主任事件を引き取って、自分の主任事件として処理したことがあるけれども、いつもこの中村さんのお話を思い出したのである。

また、裁判所部内屈指の英米法の碩学である（前掲判時一四八四号七頁）中村さんには、おそらく米国への思い入れには並々ならぬものがあったと推測される。戦後間もなく、独占禁止法研究のため、裁判所から米国に派遣されたときのことを、雑談の折に、楽しそうに語られたことがあったのを記憶している。ご多忙の故に米国逍遥は断念されたのであろう。改めて強烈なプロ意識と強靭な精神力に襟を正さずにはいられないのである。

◇

弁護士倫理

平成一六年四月、白鷗大学法科大学院で、私は法律科目のほかに、「法曹倫理」の授業も担当することになったのだが、思いがけず、この時期になって、また中村さんからご教示をいただくことになった。「法曹」倫理だから、法曹三者の倫理に関し学習するわけだが、私は弁護士の経験は乏しく、しかも修習生時代に司法研修所で弁護士倫理の簡単な授業を受けただけだったから、法科大学院の弁護士倫理の授業準備には苦労をした。ところが、幸運にも、すでに、中村さんが「弁護士倫理の問題には、広く裁判制度及びその運営と深く結びつき、……職業者としての弁護士の活動のあり方、及びそれをめぐって生ずる社会的、倫理的な数多くの問題……については更に掘り下げた検討と究明を促すものが存在しているように思われる」ところ、「従来わが国ではあまりこれを扱ったものがないように思われるので、……あえてこれを発表する」として、弁護士倫理について、先駆的で、詳細かつ高度な内容の論説を公にされていたのである（中村「弁護士倫理あれこれ」判時一一四九号、一一五〇号、昭和六〇年執筆。『裁判の世界を生きて』判例時報社〈以下「裁判の世界」という〉五六頁以下所収）。この中村さんの論説を学生たちと学習して、弁護士倫理の多くの問題につき教示を受けたのだが、そのうちで、有益かつ興味深く思われる二つの問題につき、簡単に紹介することをお許しいただきたいと思う。

理由のない上訴と弁護人

弁護士倫理に関する問題の一は、上訴審の国選弁護人が上訴理由を見出すことができなかったとき、弁護士としてどのように対応すべきかということである。中村さんによると、弁護士倫理につき関心をもつに至ったきっかけは、右の問題に関する民事訴訟事件の審理を通じてであったとされる。それは、四人の殺人、死体損壊罪等により、昭和三四年一二月に一審で死刑判決を受けた被告人が自ら控訴をしたところ、控訴審を担当した国選弁護人が、被告人の「行為は戦慄を覚えるもので、原審の」死刑判決は「当然と思料される」との控訴趣意書を提出した。控訴審はその控訴趣意書の陳述から約一週間後の昭和三五年六月に控訴棄却の判決をし、最終的に死刑判決が確定した（昭和三五年当時司法修習生だった私は、弁護士倫理科目でこの刑事事件に関する授業を受けた）。死刑判決の確定後、元被告人が原告となり、前記刑事控訴審担当の弁護人を被告として、弁護人の義務違反行為により控訴審で審理を受ける機会を失わせられたとして、慰謝料請求訴訟（一〇〇万円）を提起した。中村さんは、この損害賠償請求事件の審理を担当し、請求を一部認容（三万円）されたのである（東京地判昭和三八年一一月二八日判時三五四号一一頁）。判決によると、この弁護士は、一審刑事記録を閲覧したのみでそれ以外の調査をまったくせず、被告人と直接面接して意向を確認することを行わず、被告人からの控訴趣意書作成に関する要請の手紙に対し、これ以上同弁護士に手紙を出さなくてよい旨葉書で返答するなどの後、前記の控訴趣意書を提出したが、被告人にその内容も知らせなかったというのである。判決は弁護士のこれらの行為は債務不履行または不法行為だとしたのである。

前記のように、この損害賠償請求事件の担当を契機に、中村さんは、弁護士倫理につき関心をもたれた由だが、前記判決から数年後に、類似の刑事事件に関する昭和四二年（一九六七）の米国連邦最高裁の判決に接したとしてそれを紹介される。事実関係はやや入り組んでいるが、米国カリフォルニア州裁判所の刑事（マリファナ所持）控訴事件の国選弁護人が、「上訴がなんらのメリットのないものである」旨を書面で陳述し、他方被告人は別の弁護人選任申出をしたが却下され、一審維持の判決が確定した。その後、同被告人が、右弁護人選任申立てが却下されて弁護人の弁護を受ける権利を失わせられたとして審理再開を請求したが却下されたので、さらに連邦最高裁判所に同様の申立てをしたら、同裁判所によりそれが認められたというのである（裁判の世界六二頁）。

通常の道徳と職業（役割）道徳

弁護士倫理に関する問題の二は、刑事被告事件で犯行を否認している被告人から、起訴事実を自白された場合、弁護人はいかに対処すべきか、ということである。中村さんは、三つの先例を紹介されている（裁判の世界六九頁）。①英国ロンドンの雇主殺人事件（被告人クールボアジエ事件）、②オーストラリアのシドニーの妻毒殺未遂事件（被告人ディーン事件）、③米国ニューヨーク州の湖畔キャンプ場殺人事件（レーク・プレザント事件）である。被告人らは、いずれも訴訟では犯行を否認しながら、他方弁護士に対しては犯行を自白したところ、弁護士は、被告人が有罪であることを知りながらも、それを黙秘したうえ、無罪の弁論活動を積極的に行った。とりわけ、③の事件では、被告人が弁護士に対し、起訴事実である女子学生の殺害の事実に加えて、別に三人の女子学生も殺害した事実およびそのうち二人の未発見の遺体隠匿場所につき自白した。弁護士は、自白に基づき二人の遺体を発見したにもかかわらず黙秘し、遺族と警察からの問合せに対し、二人の被害者の所在は知らないと答え、犯行から一年もの間遺体の所在を秘匿した後に、被告人の心身喪失を立証するために、ようやく前記自白の事実を公表した。

この事実は世間に大きな衝撃を与えたが、右③事件の弁護士らは、記者会見で、被告人に対する不利益を無視してまで警察や身内に何らかの連絡措置を執らなければならないとする強い理由はなく、むしろそうしないのが弁護人としての義務であると発言した。この考え方は、一般に、職業上、その社会的役割の遂行過程において、「役割道徳」とも言うべきものが生じうるとされているところ、弁護士の場合、依頼人との信頼関係保護は弁護士の秘密保持義務により守られており、依頼人のこの利益に奉仕することは弁護士としての職業上の義務だ（役割道徳）、とするものである。

依頼人と弁護士の仕事の性格と責務の関係については、古くから「弁護人は、その義務を遂行するにあたっては、全世界の中でただ一人、かれの依頼人しか眼中にない。あらゆる手段と方法を尽し、また、他の人々、否自分自身に対する危険や危害をも顧みないで依頼者を救うことが、かれの第一の、そして唯一の義務である。弁護人はこの義務を遂行するにあたっては、他の人々にもたらすかもしれない驚愕や苦痛や破壊を顧慮してはならない」とする意見（裁判の世界八八頁）に共通するものがあるように思われる。

通常の道徳観から見た、いわば人間として負うべき道徳義務からすると、前記の弁護士の言動は、理解困難に思われ、この立場から強く批判がされた。すなわち、弁護人がいかに被告人の利益を守ることを第一義的任務にするとしても、そのためなら通常人のやってはならない非人間的行動態度をとってよいことにはならない、また弁護士は普通の人間ならやれないこと、またやってはならないことでも、弁護士として職業上の目的を遂行するうえで必要なら、やってもよく、原則としてやらねばならないことになるが、弁護士たちの言う義務を有能かつ誠実に果たすのが「よい弁護士」なら、「よい弁護士」とは「よい人間」ならしないことをする人となる、などと批判されたのである。

通常道徳と役割道徳との関係について、中村さんは、弁護士と依頼者の信頼関係保護の問題は秘密保持義務（弁護士法二三条）に顕れるが、それが絶対的な義務でなければならない理由はない。打ち明けられた秘密の内容と性質、その開示が要求される理由、開示により依頼者が受ける被害等諸事情により、信頼関係の保持よりも秘密開示の要求が優先する場合がないとは言えないとし、その優先が認められる場合として、前記②事件、③事件などを挙げる余地があるとされる。そして、③事件の担当弁護士が公衆衛生法上の死体の埋葬等違反罪で起訴された刑事被告事件において、ニューヨーク州最高裁は、弁護人と依頼人間の通信特権（守秘義務）は絶対的なものではなく、弁護士は依頼人の利益を守らなければならないとはいえ、基本的な人間的品位の水準をも守らなければならない、と述べていることを紹介されている（以上につき、裁判の世界八三頁、一〇五頁、八一頁）。

法科大学院生の多くは弁護士志望者だから、中村さんの弁護士倫理に関する論説を教材とする前記授業は、院生たちの熱のこもった討論の場となった。弁護士としていつまでも記憶してくれるものと期待している。

勉強の心構え

昭和五一年（一九七六）に、中村さんは、司法研修所で、任官間もない判事補に対し、裁判官の勉強方法につき語られた。その要旨は、仕事の場面ではさまざまな問題に遭遇するから、それらの問題に関し思考を広め、かつ深めて、「腑に落ちるまで」追求の手をゆるめないこと、そして「わたしたちはあくまで裁判官でありますから、その勉強も努力もすべて、結局は裁判という原点に集約されるものである」と説かれる（裁判の世界三五七頁、三八八頁）。前記のように、中村さんの弁護士倫理に関する一連の研究は、困難な問題を含む担当事件の処理を契機として、勉強の対象範囲を内外に広げ、かつ深めることになったものであって、中村さんは自ら前記実務家の勉強方法を実践されたのだと言ってよい。法科大学院生はこの「法曹倫理」の授業において、将来の実務家の勉強方法を学習できたのである。

◇

仕事を離れて

中村さんの他の一面についても、ふれさせていただくことにしよう。

中村さんは、ほぼ月に一度陪席裁判官に昼食をおごってくださった。食後、一同でお礼を申し上げると、「お礼など不要だ。将来後輩に同じようにしてやってくれ。それが裁判所のよき伝統だ。」とよく言われたのである（倉田卓次さんからも伺ったことがある。本書一八一頁）。常にそれを心がけたつもりだが、まだ不十分だったことを反省している。

そして、中村さんは、年に一度は自宅に、麻雀の招待をしてくださった。中村さんは和服姿がよく似合った。中村さんの麻雀は手堅く、振込みはなく、着実に黒字を重ねられるもので、浮き沈みの激しい私とは対照的だった。麻雀も楽しかったが、その後で酒が出て、仕事と関係ないお話を伺うのが楽しみだった。話の中で、「中学（旧制）時代に、バレーボール部員で遠征したとき、初めてカレーライスを食べ、世の中にこんなに美味しいものがあるのかと思ったよ。」とか、私どもが恐る恐るした質問に対し「疲れたときは、女優の池内淳子（当時は若々しく綺麗だった）が出るテレビドラマを観ることもあるよ。」というお話を伺ったときは、陪席一同、安堵して、思わず歓声を上げたものである。確か昭和四三年（一九六八）の冬にお伺いしたときだったと思うが、たまたま裁判一般の話になったとき、中村さんはかなりの枚数にまとめた原稿を私どもに見せて、「まだ題名を決めていないのだが」、と言いながら、「裁判の客観性」ということについて、熱を込めて語ってくださった。そして、昭和四五年秋に、『裁判の客観性をめぐって』（有斐閣）を公刊され、新潟地裁長岡支部勤務の私にまで送ってくださったのである。このテーマについては法律雑誌で特集が組まれている（「特集裁判の客観性」ジュリスト四八七号参照）。雪の降る正月休みに、裁判所支部の宿舎で、中村さんのお宅に参上したときの情景を想起しながらそれを拝読したことを今でも思い出す。

また、中村さんは、裁判所民事部の旅行会で、リクエストに応じて、見事な本格的日本舞踊（中村さんには、趣味においてもいい加減はないのである）を披露するという意外な面もおもちで、参会者一同驚嘆したことがある。確か審査員による投票で一等賞を受賞されたと記憶している。

旅行会に関係することなのだが、私的なことを一言させていただくと、昭和四二年秋の所属部の旅行会の会場は静岡の小さな温泉ホテルだった。土曜の午後現地集合で、思い思いに麻雀、碁、将棋、雑談（清談と称していた）などのグループに分かれ、くつろいでいたら、中村さんが「風呂に行こう。」と誘ってくださった。だが、ご一緒するのは僭越な気がするとともに、お一人でくつろいでいただきたかったので、「私は後で参りますので、どうか、ごゆっくりお入りください。」と申し上げたのであるが、その後、同様な旅行会に参加するつど、あのときは、お供をして、背中でも流してさし上げればよかったのにと、悔んだものである。

平成四年（一九九二）の暑い日の夕方、中村さん宅訪問を終えて帰宅するとき、中村さんはつばの広い帽子をかぶり、半ズボン、下駄履きで、バス停留所まで見送ってくださった。これが中村さんにお目にかかった最後になってしまった。バスを待つ間、「若いときは、都電を待つわずかの時間も惜しくて本を読んだものだよ。」などというお話を聞きながら、このままいつまでもバスが来なければよいのに、と思ったものである。翌年春、中村さんから「病院名は言わないけれども、今体調を崩し入院している。心配をかけるので、このことは誰にも知らせないように。」というお便りをいただいた。案じていたのだが、同年夏、ついにお目にかかることが叶わなくなってしまったのである。

時は過ぎて、平成六年夏、全国裁判所長会議の折に、新装成った司法研修所を見学する機会があった。そこに新設された「中村文庫」（法曹五二五号参照）で、約二年ぶりに中村さん直筆の膨大なノートなどに接することができた。懐かしさに思わず目頭が熱くなり、かつその凄まじいエネルギーに改めて強い衝撃を受けたのである。

◇

殉教者的プロ意識

思うに、中村さんは、類い稀な資質を備えるとともに、殉教者的とも言うべき強靭なプロ意識をもち、全力投球で完璧を追求し事に当たられたが、資質の乏しい者でも全力投球する限り、温かく見守ってくださったと言ってよい（裁判の世界三九三頁）。

今でも困難なことに遭遇すると、中村さんにお伺いしたらどう答えられるだろうかと考えることがある。そして、優れた資質と強靭な精神力を備えた先輩に出会えたことは幸せであったと、心から思うのである。

応分の働き

中村さんは、日ごろホームズ米国最高裁判事の考えを高く評価され（前掲『裁判の客観性をめぐって』二二九頁）、折にふれて陪席裁判官にそれを解説してくださった。退官後間もなくの昭和五九年（一九八四）秋に司法研修所で実施された全国裁判長研究会で、「裁判について考える」という講演をされた。周知のように、そこにおいて、中村さんは、「裁判は、各裁判官の個人プレーではなく、裁判官全体の、あるいはこれを中核とする法曹全体の、いわば集合的な活動であります。個人の業績はその中における一つのかけらに過ぎないものです。しかし、そのそれぞれの一かけらの業績の積み重なりが、一方において社会生活の進展を支え、他方社会の存立と活動の基礎となるべき法の生成発展という巨大な結果を生み出すのであります。」と述べられた。そのうえで、ホームズ判事の「法律家の栄誉は、個人的なものというよりは集団的なものである。われわれの働きは、終わることのない有機体活動のようなものである。……そうした……者たちの一人がその労苦に終止符をうったと聞くとき、……私は自分に対して次のように言い聞かせる。世界が未知の終末への必然的な道を進んでゆくこの神秘的な展開の営みに対して、かれはかれなりに応分の働きをしたのだと。」という言葉を紹介された。そして、「これはホームズがある法律家の死に際して送った言葉の一節ですが、私はすぐれた先輩の裁判官たちが退官してゆく度にこの言葉を思い出しました。そしてやがて私も退官の時を迎えました。私が応分の働きをしたかどうか、それは皆さんたちの評価に任せるほかありません。しかし、私は、後に続く皆さん方に対して、同様に応分の働きを期待したいのであります。」と語られた（裁判の世界四三一頁）。

私は、中村さんを直接、間接に知るすべての人たちが、中村さんが「応分の働き」をされたことに深い敬意を表し、かつ我々後進は中村さんの右の言葉を胸に深く刻んでいる、と申し上げたいと思う。

最後のメッセージ

中村さんが定年退官されてから五年を経過した平成元年（一九八九）一〇月一七日、上述の著書『裁判の世界を生きて』の出版祝賀会が、中村さんゆかりの大勢の人たちにより開催された。

その際、中村さんは、いつもの講演のときと同じように、あらかじめ要旨を記載した書面を席上に配付したうえで、いわば内輪の出席者一同に語りかけられた。中村さんが「最後のメッセージ」とされたこの文章は、未公刊のようなので、僭越だが、ここに要旨を引用させていただきたいと思う。

中村さんは、まず「私は当年二月をもって七五歳になりました。」「皆様はいずれも私の後輩にあたる方々で、その大半は現役の裁判官の方たちと拝見致します。……私が多年やって来たことを受け継いで日夜苦汁をしておられる方々でありまして、」「皆様に対する最後のメッセージとして、」「お願いしたいことがあります。」と述べられた。

そのうえで、「裁判においては、当事者にその言い分を尽くさせ、裁判官がこれを充分に吟味し、公平な立場から熟慮したうえで……判断を下すべきであり、その決定においては、このような判断を下した明確な理由を開示、説明しなければならないとされていますが、……このような聴聞と判断の過程及び決定理由の開示こそが、現代裁判の生命というべきものです。……前者（筆者注、聴聞）の適切性と後者（筆者注、判断及び決定理由）の内容的説得力のいかんが、裁判の権威性の高低を決定するものでもあるのです。」と説かれた。そして、「私たちは、先輩から、裁判は敗訴者を承服させることが肝腎で、裁判官は常にそれに努めなければならないとしばしば教えられましたが、……裁判にこのような承服力を与えるための……作業は、私たちに対し、聴聞の過程においては辛抱強さと精神的緊張を、判断と決定理由の明確化の過程においては苦しい頭脳的努力を、それぞれ要求する大変な仕事であります。……裁判官として……多数の事件の審判の仕事を長く続けていますと、つい安易な迅速処理主義ないし片づけ主義、または機械的、惰性的な事件処理といった方向への誘惑に襲われるものでありまして、これは私たち凡人のとかく陥りがちな陥穽でありますが、それは、裁判をする者にとって最大の敵なのであります。……万一裁判が多少なりともそのような風潮に毒され、ひいてはその権威を低下させるようなことがあっては、という心配も起こってくるのであります。老人の杞憂に過ぎないと思いながら、あえて一言させていただいた次第であります。」と述べられた。

私どもは、同様な発言を、近藤完爾さん（本書二六頁）からもお伺いした。また、近ごろ、弁護士会の所属委員会の会合などで、元裁判官だった弁護士や長い経験をもつ弁護士から、訴訟における「片付け主義」の話を、稀にだが聞くことがないではない。

プロ意識の権化のような中村さんは、おそらく、二度と得られないかもしれない後進たちとの内輪の会合の機会に、率直にその心情を伝えられたのだと思う。この偉大な先人の言葉を、参会者一同は、身の引き締まる思いで拝聴したのである。

2　大人《たいじん》――近藤完爾さん（東京高裁部総括）・岩松三郎さん（最高裁判事）・内藤頼博さん（名古屋高裁長官）

(1)　近藤完爾さん

先輩裁判官に聞く――判事補任官前の研修

昭和三七年（一九六二）四月、司法研修所（本書二〇一頁）で、間もなく新任判事補に発令される予定の私ども七五人の司法修習生に対する研修が実施された。その内容は、配属先の裁判所で、直ちに執務上必要となる少年法、令状事務など実務に直結する科目を集中的に学習するものであったが、この日程中に、「先輩裁判官に聞く」という科目も設けられていた。この科目のうち民事分野に関する先輩裁判官講師のお一人として、近藤完爾《こんどうかんじ》東京地裁判事が出席された。

近藤完爾さん

近藤さんは、明治四一年（一九〇八）三月一四日生まれで、昭和七年一〇月裁判官任官、水戸地家裁所長などを経て、同四〇年東京高裁部総括判事に就任されているが、当時は東京地裁判事をされていた。そして本務である裁判の仕事を処理するのに加えて、『執行関係訴訟』（判例タイムズ社）をはじめ、裁判実務上の諸問題について指導的な論稿の執筆をされるなど、近藤さんは司法修習生を含め裁判所部内で著名な存在であった。近藤さんの人となりと業績の詳細については、『近藤完爾民事訴訟論考第一巻〜第四巻』（判例タイムズ社）がある（以下「論考」という）。

前記の研修における、近藤さんのお話は多岐にわたったが、そのうちのいくつかは、今でも記憶に鮮明である。それは、①まず、たゆまず勉強せよという耳の痛い話だった。プロとして法律知識習得の勉強をすることは当然のことだが、それにとどまらず、法律的思考方法の体得を意識しながら、幅広い勉強をする必要がある。なぜなら、仕事のうえでは、初めて遭遇する事件、予期しない難問を含む事件にしばしば出会うが、既存の法律知識だけでは解決できない場合が多い。だが、実務家は学者と違って、判断をせずまたは先送りすることは許されない職責があるのだから、時間的制約があるが、自分なりにあれこれ考えて解明をしなければならない。そのためには、日常的に、忍耐強く、幅広い勉強をしていかなる場合にも対処できるように備えておくべきだ、と言われた。当時はまだそのお話を理解するのが十分ではなかったが、近藤さんは、このような難問の適切な解明は、「全人格判断」により「自分なりに考え抜いて、こうとしか考えられないというところに到達」するまで究明すべきで、日ごろからその実力の涵養に努めるべきだと言われていたようだ（近藤「実務と学問」論考四巻三一八頁）。②周知のように、裁判ないし訴訟の理念として、適正と迅速が挙げられるが、訴訟は当事者にとっては一生に一度あるかないかの重大事なのだから、全力を投入してその時点おける最善の処理に努めるべきで、かりそめにも一丁上がり的に要領よく速く処理するという気持ちをもってはならない。事件が解決することは、担当裁判官として嬉しいことだが、それは最善の解決でなければならない。③いつも、自らが直接司法権を行使していることを、忘れてはならない。会社や、行政庁では、いわゆる偉くなると、責任は大きくなるとしても次第に現場から遠ざかることになるのが一般だが、裁判所はそれとは違う。言うまでもなく裁判の現場が司法権行使の場所なのであって、裁判所においては、世間的意味の偉くなるという観念は存在しない。だから、いわゆる偉くなりたい者は行政庁か会社に行くほかない。④法律実務家としての修業は一生の課題であると言ってよい。すぐに修業の成果は上がらないものだが、焦らずに、むしろ「楽しむ」という心のゆとりをもって、絶えず上述の努力を重ねるべきだ。大きくなる木は、概して小さいときは枝ぶりがよくないものだが、気にしないで、盆栽のようにならずに大木に成長してほしい。

おおよそ、近藤さんのお話は以上のような内容であった。これを伺い、任官者一同は、気持ちも新たにそれぞれの新任地裁判所に赴任したのである。

修習・研究会

近藤さんから指導を受けたのは、実はこれが初めてではない。前記判事補任官前研修から遡ること数か月前の昭和三六年夏、実務修習庁である京都地裁で、司法修習生に対する執行事件の全体修習が行われた。当日は、修習生全員が執行部総括裁判官の指導による執行部および執行吏役場（執行官室）

の見学・講義を受けたが、午後に、思いがけず、執行問題の即日起案が実施された（事前に執行関係の参考文献持参可とされていた）。当時の司法試験では、執行法（旧民事訴訟法第六編）については、論文試験での出題はなく、短答試験に出題されるのが通例で、一般に受験生はそれに対応する程度の知識しか備えていなかった。当日の課題は、確か請求異議訴訟と執行文付与に対する異議訴訟の異議事由に関するもので、当時の私の知識では超難問であった（その後最判昭和四一年一二月一五日民集二〇巻一〇号二〇八九頁など関連判例が出ている）。頭を悩ましていると、優秀な同僚修習生が近藤完爾さんの『執行関係訴訟』という書物（名著だと言われ、私も書物名だけは知っていた）にヒントがあるのではないかといって裁判所図書室から借り出し、手早く答案を仕上げた後、空いた同書を貸してくれた。急遽同書を読んだのだが、私には理解困難で、ますます混乱してしまった。何とか答案を仕上げて提出したものの、極めて不満足な出来映えであった。その際、必死に同書を読みながら、このように難解な事項につき、詳細を知らなくては法律実務家になれないのだろうかと、憂鬱になったことを覚えている。

同年（昭和三六）一二月に司法研修所で後期修習が開始され、開始早々に模擬裁判が実施されたが、指導講師として、私のクラスには近藤さんが参加された。教室で、この人があの難しい『執行関係訴訟』の著者なのかと、数か月前に起案で苦労したことを思い出しながら、お顔を拝見していたのである。模擬裁判の事案は、手形金請求事件で、私には被告代理人役が割り当てられ、悪意の抗弁に関する原告本人に対する反対尋問を担当した。何とか打合せどおりに間接事実でやや有利な供述を引き出すことができたように思われたが、不用意にも、つい「それなら、あなたはどのような手形かを知りながらそれを取得したのですね。」と駄目押ししてしまい、本人から「そんなことはありませんよ。」と言ってあれこれ弁解され、随分手こずってしまった。「油を掘り当てたらその時点で掘るのをやめよ、そうでないとせっかく掘り当てた油を逃がしてしまう結果になる」、という反対尋問の初歩的原則（岸盛一＝横川敏雄『新版事実審理』有斐閣六六頁）に反したのである。模擬裁判終了後の講評で、近藤講師は、「あの尋問は良くない反対尋問の適例だ。」と指摘された。後で知ったのだが、近藤さんには、反対尋問と交互尋問に関する詳細な研究があったのである（論考第二巻二三九頁、二九一頁）。畏敬の念を抱いていた近藤さんの発言だけに、後年証人等の尋問の際はよくこのことを思い出したものである。その後、近藤さんにこの模擬裁判のことについて伺う機会があったが、武士の情けからであろう、「覚えていない。」と言われた。

昭和三八年の判事補任官二年目の司法研修所での研究会は、執行事件処理も含めた内容であった。このときも近藤さんが講師として出席され、初めて執行関係上の諸問題につき本格的な話を伺った。近藤さんは戦前に執行部の裁判官を、またこの研究会当時は東京地裁執行部の部総括裁判官をされていたのである。執行関係では判決手続以上に解決困難な問題が多く、いくら考えても判らないことが山積しているとして、具体的事例を示して説明し、かつ立法論も述べられたが、近藤さんは、この研究会の前後にも、執行関係の多くの論稿を公にされていて（論考第四巻参照）、その見解のいくつかは、判例に反映されている。研究会の参加者一同は、近藤さんの博学で、深くかつ周到なお考えに接し、改めて尊敬の念を新たにしたのである。同僚の話によると、近藤さんが西ドイツに在外研究で出張されたときは、調査、研究先の裁判所と下宿間を脇目も振らず往復する生活で、猛勉強されたとのことだった。確かに、近藤さんは、昭和三四年に西ドイツのハンブルク地裁へ民事裁判実務の調査、研究のため出張されているが、猛勉生活を送られたようだ（論考四巻二五四頁）。このことを知って、第五高等学校（熊本）教授時代に三三歳でロンドンに留学した漱石のあの「下宿籠城主義」と言われる（平成二六年六月一六日付朝日新聞朝刊）有名な猛勉強ぶりのことを思い起こしたのであった。

近藤さんの前掲『執行関係訴訟』を不消化ながらも拝読したり、研修でお話を伺ったお蔭で、執行事件処理に何とか関心をもつことができたことを心から感謝している。私的なことだが、その後、東京地裁の服部高顕民事所長代行（後最高裁長官）にお願いして、一時期執行部に配属させていただいた。

◇

民事実務研究会

東京地裁民事部の裁判官を構成員とする民事実務研究会（勉強会）から判例タイムズ誌に連載される論説（近藤完爾＝浅沼武『民事法の諸問題Ⅰ～Ⅵ』判例タイムズ社）は、実務上の事件処理に貴重な手掛かりを与えてくれるものとして、裁判所部内特に若い判事補から高い評価が寄せられていた。昭和四一年秋、配属部の右陪席裁判官としてご指導いただいていた井口源一郎さん（後仙台高裁部総括判事）と宮本増さん（後名古屋高裁部総括判事）が、すでにお二人とも所属されていたこの勉強会への加入を勧めてくださったので、同勉強会を主宰されていた近藤さんを高裁判事室にお訪ねしたことがある。

その際、近藤さんは、「『代替執行手続における執行停止』という論説は面白かったよ。」と言ってくださった。既述のように、その直前に、配属部の執務上の見解を判例タイムズ誌上に紹介した拙文（本書五頁）が、お目にとまったようで、近藤さんのような民訴法の大家が、判事補のささやかな文章にまで目を通しておられたのに驚いたのである。

この民事実務研究会は、昭和二七年ころ、司法研修所修了間もない判事補の人たちを主構成員としてスタートしたようだが、近藤さんまたは浅沼武さん（後東京高裁部総括判事）が司会をされて、ほぼ月に一度、夕刻から、あらかじめ出題される実務上の問題について、出題者から説明をした後、会員が自由に意見を述べ討論を行うものであった。その討論では、自説がおかしいと思えばいつでも撤回し、他説が良ければそれによるなど自由自在で、「合議のように飛乗り飛降り勝手放題」とされて活況を呈していた（その情況は、前記『民事法の諸問題Ⅰ』の近藤さん執筆による「序文」、倉田卓次『裁判官の戦後史』筑摩書房二四九頁）。討論の結果、一応の結論に至ったとき、出題者がそれを取りまとめて、判例タイムズ誌に掲載するというもので、同社から参加者に簡素な弁当が提供された。

近藤さんは、この実務研究会で、自ら積極的に発言することはあまりされず、議論に耳を傾けられることが多かったが、発言するときは、軽く咳払いしたうえで、冷静、かつ悠然と筋道立った話を、実に楽しそうにされたし、通説、判例についても、遠慮されることはなかった。何度か発言を拝聴してみて、体系的、論理的に誤りがないか、実務に適用して納まりがよいかと、常に意識して議論されていることを痛感したものである。そして、いつも、反対意見に過分と感じられるほどの気配りを示し、反対説の長所を詳述して参加者の頭を冷やす役割を果たされた。近藤さんのお話のうちで、「訴訟手続において、裁判所と代理人間で意見が一致しないとき、代理人が譲るのがほとんどだが、我々は直ちに裁判官の理論が優れているからだと即断しない方がよいように思うな。」と言われたことが記憶として残っている。発表者は、近藤さんの理解を得たときには、何となく安堵したのである。

近藤さん主宰の民事実務研究会による裁判実務への貢献度の大きさは、特筆してよいと思う。

近藤さんの判決

近藤さん関与の、考え抜かれた判決の多くからは、貴重なご教示をいただいた。そのうち特に印象的な判決の一つにつき述べさせていただくと、周知のように、借地借家の賃料増減額請求訴訟における相当賃料の算定（借地借家法一一条、三二条）については、近時ではその理論、方式が定まったと言ってよいと思われる（不動産鑑定評価基準〈平成二年土地鑑定委員会答申〉）が、かつては、戦前戦後を通じその理論構成につきさまざまな試みがされてきた（拙稿「相当地代と増減額請求権」『不動産法大系Ⅲ借地・借家』青林書院二六七頁）。ところが、戦後間もない時期に、「元本となる土地価額（投下資本）×利回り率＋公租公課＋管理費＝相当地代」という基本的公式（利回り方式）を立て、地代を算定した画期的な東京地裁判決が出された（東京地判昭和二九年九月六日下民五巻九号一四二四頁）。この判決は、利回り方式の先駆的判決になったのだが、地代増額請求訴訟で相当地代の算定に苦慮していた私は、この判決の着想に目の覚めるような思いがしたのである。そして、この判決が民事実務研究会でご指導いただいている近藤裁判長と倉田卓次さん（後東京高裁部総括判事）の構成部による判決であることを知り、日ごろから言われていた全力を挙げて最善の裁判に取り組む姿勢を、改めて教わったのである。

「先輩より聞いた話」――講演

現在も続いているのだろうか。昭和四〇年代から昭和五〇年代にかけて、年に二、三回東京高裁と東京地裁の両民事部裁判官が参加する「高裁・地裁民事裁判官協議会」が開催されていた。そこでは、民事事件処理に共通する重要な問題の討議・研究報告、立法関係の報告・検討などが行われていたが、退官間近の高裁裁判長による後輩に対するいわば最終講義とも言うべき講演も実施された。

昭和四七年一一月八日開催の同協議会では、翌年三月一四日限りで退官される近藤さんによる「先輩より聞いた話」と題する講演が行われた（本書および初出における「先輩から聞いた話」という題名は、これに倣ったものである）。僭越だけれども、ご参考までに、簡単に紹介させていただきたいと思う。

近藤さんは、ここで二人の先輩から聞いたという話を紹介された。その一人目の先輩は**前田直之助**元大審院判事であった。記録によると、前田さんは、明治七年（一八七四）三月一三日生まれで、東京地裁判事、同控訴院判事を経て、昭和一〇年から同一二年まで大審院部長判事に就任されている。漢学の素養が深く、その判決は文体からして「前田判決」と称された由である（奈良次郎『新実務民事訴訟講座』五巻挟み込み月報11日本評論社）。ただ、私の知識では、残念ながらそれが前田さんの手になる判決か否かの識別は困難だった。近藤さんら東京地裁の司法官試補（司法修習生。昭和五年）たちは、優れた先輩から講話を聞くことを企画し、その第一番目に当時裁判官のいわば典型として高名な前田さんを招き、民事事件の審理と判決につき心得を聞いたというのである。そして、常に沈着・冷静なあの近藤さんが、前田さんの講演を聞き、その博識と気魄に、憧れと昂ぶりを感じるなど強烈な印象を受けたと言われたのである。前田さんの話は広範だったが、そのうち近藤さんが強く記憶していることは三点あるとされた。①その一は、昭和五年の民訴法改正で、当時訴訟の迅速化が強調されていたが、前田さんは、訴訟は訴状提出時を底面とし、弁論終結時を頂点として円錐形にしぼりこまれて進展していくものであり、これを念頭において、釈明、立証に努めるべきである。決して拙速となってはならず、しかも後退をせず、一歩一歩着実に審理を進めるべきだと述べ、当時の迅速優先の風潮に必ずしも同調されなかった。②その二は、「人間およそ学問をしようとする心構え」について考えると、「佳忘矣（かぼうい。忘れるをよしとす）」の心構えで、忘れることは気にせず勉強すべきである（論考一巻三一五頁）。その勉強は、知識の集積ではなく、考えながら学習を重ねることによって知識を身につける心がけでやるべきだ。反対説にも謙虚に耳を傾けなければならない。これにより、次第にどのような事件にも適切に対処できるようになる。③その三は、裁判と司法行政の関係について、「後者は前者の知徳を増進するものではない」から、後者が上位であるように誤解してはならない。このように、近藤さんは前田さんから聞いたと言われたのである。

近藤さんが語られた、先輩の二人目は、**三淵忠彦**初代最高裁長官であった。記録によると、三淵さんは、明治一三年（一八八〇）三月三日生まれ、同四〇年裁判官に任官、東京地裁判事、大審院判事、東京控訴院部長を経て退職し、昭和二二年から同二五年まで初代最高裁長官に就任されている（詳細は小林俊三『私の会った明治の名法曹物語』日本評論社二六七頁）。近藤さんが東京地裁の陪席裁判官当時（昭和七年～）「陪席会」というものがあり、ここでも優れた先輩裁判官を招き講話を聞く慣行があって、三淵さんから話を聞いたというのである。近藤さんによると、三淵さんの話の内容は、①まず、当時臨戦体制になりつつあり、裁判官の休暇返上論が唱えられたことに対し、三淵さんは、裁判官には勉強が不可欠であり、休日はそれに充てるべきであるとして強く反対された。そして、休日に判決書きの仕事をするのは反対であって、それでは、肝腎の勉強をする時間がなくなるではないか、と強調された。②次に、三淵さんは、『十六夜日記』（阿佛尼）、『折たく柴の記』（新井白石）中の裁判の記述を引用し、その当時の裁判はしっかりしていた、ぜひこれらの文献に目を通して学んでほしいと言われたので、近藤さんたちはそれに従ったと言われた。ただし、近藤さんは、それらの書籍における裁判の記述についての感想は語られなかった。近藤さんのこのお話の後、三淵さんが『日常生活と民法』（法曹会刊）の中で、『十六夜日記』につき記述されていること（九五頁）を知ったが、私には、『十六夜日記』（講談社学術文庫）で述べられている裁判は適正だったのかもしれないけれども、迅速性に欠ける憾みがあるように思われないではない。また、『折たく柴の記』（岩波文庫）は、その当時行われていた訴訟の実態に関する多くの貴重な記述があり、大変興味深い。これに関し、山口繁さん（元最高裁長官）の詳細な研究がある（『新井白石と裁判』西神田編集室）。③当時、「結論を早く出し、急いで仕事を処理すべきだ」との風潮が強くなっていたが、三淵さんはこれを批判し、どのような時代になっても、裁判所がしっかりして信頼されなければならない、上滑りのやっつけ仕事は絶対やめよ、調べるべきことは調べて、真実を明らかにする姿勢を決して失ってはならないと強調された。④さらに、三淵さんは、前記前田直之助さんに関し、同氏は大審院でも屈指の理論家で、かつ個性が強いとされたが、「反対の考えについては、それはそれで尊重する」、との立場を徹底され、同部の合議は、極めて活発だったが、後までそれが尾を引くことはなかったと聞いた。前田さんの部に、いわゆる「売渡抵当」の事件が係属したところ、これにつき陪席裁判官の岡村玄治さんが自説を譲らないので、裁判長の前田さんが岡村さん説得のために「売渡抵当について」（法曹会雑誌）と題する論文を発表されたほど合議は活発だった（論文により合議がどうなったかは、近藤さんは語られなかった）が、あるとき前田さんが「岡村はいつも冷静で怒らないから困るよ」と三淵さんに述懐されたことがあった。

おおよそ以上のような話を、近藤さんは三淵さんから聞いたと、講演で語られた。なお、記録によれば、この岡村さんは、明治一六年生まれ、同四二年任官、東京地裁判事、同控訴院判事、大審院部長判事を経て昭和二一年退官、債権法総論、同各論の著書があるが、「賃借権物権論」を唱えたことは有名である（岡村さんの逸話については、野村正男「岡村玄治」『法窓風雲録上』朝日新聞社一九三頁）。

さらに、近藤さんは、講演の際、前記お話に関連し、大審院における合議に関する別の話も紹介された。大審院の陪席裁判官が、白熱的合議を終えて帰宅したところ、自宅に「今日のように未熟な議論しかできないなら、見込みがないから退官を勧める。あるいは、小学校からやり直せ、だったかもしれない（近藤さんはこのように発言された）。」という内容の電報だか速達が裁判長から届いていた（当時自宅に電話はなかった）ので、翌日陪席裁判官はさらに準備を尽くしたうえで出勤し、同部では前日以上の激しい合議が行われたと聞いている、大審院の合議は激しかったようだと語られた（お話では、それが前田さんの部か否かは明らかでなかった）。

近藤さんの前記講話では、ご自分の意見や結論めいたことは言われなかったが、先輩から聞いた話を通じて、自ら裁判について日ごろから考えていることを、後進に語りかけられたものとして、参会者一同は、厳粛に伺ったのである。

この講演後間もなくして、近藤さんは胃の治療（酒はまったく飲まれなかったのに）のため東大病院に入院され、定年退官の日を同病院で迎えられた。東京地裁の私と同じ部に、近藤さんのご子息（後福岡高裁部総括判事）が在籍していて、お見舞いに行くというので、一緒に病院に伺ったことがある。近藤さんは、ベッドの上であぐらをかき、「退官の日を病院で迎えるとは、不徳の致すところだな。」と言われたが、いつもと変わりなく悠然として仕事のことや私的なことを率直に語ってくださった。早期入院の成果であろう、周知のように、その後体調を回復され、東洋大学法学部教授、弁護士の仕事に従事され、実務上有益な多くの論稿等を公にされた（論考第一巻～第四巻）。

◇

裁判一筋の大人《たいじん》

思うに、近藤さんは、裁判一筋で、すべてを裁判のために、と純粋に考えて精進された、腹の据わった泰然自若のいわば大人《たいじん》と言うに相応しい裁判官であった。しかも、近藤さんの陪席裁判官をされた前記倉田卓次さんによると、雑談の折に、気ままにやってみたい生活のことが話題になったとき、近藤さんが「ぼくはやっぱり裁判官を続けるな。証人を呼んで話をきくことが大好きなんだ。」と述べられたというのであるが（倉田卓次「近藤さんと私」論考四巻三四六頁）、心打たれる発言である。前記民事実務研究会で裁判に関する議論を、楽しくてたまらない面持ちでされていたことなど日ごろの言動を併せて考えると、裁判の仕事を心から楽しんで、それ一筋に生きられたと言ってよいだろう。近藤さんを思うとき、癖でもある軽い咳払いをしてから、悠然と発言される仕草が懐かしく思い出される。

また、さらに近藤さんが折にふれて語られたことから憶測するに、近藤さんは、少なくとも、上述した前田直之助さん、「さつき会」の先輩・同僚の考えに強い共感を抱いておられたように思われる。さつき会とは、松本冬樹さん（後広島高裁長官）によれば、昭和一三年五月、東京地・区裁判所の若い民事係判事等十数名により裁判道の研究を目的として作られたもので、会の名称はその設立の時期に由来し、会則などはなく、さまざまのことが自由に議論されたという。そのうち議論された主なものは、①裁判所で一番大切なのは裁判であり、判事の天職は裁判なのであるから、判事は裁判に専心すべきで、世間的ないわゆる出世欲にとらわれてはならない、②裁判に専心する判事よりも、司法省勤務者（当時）が高待遇を受けるようなことがあってはならない、③行政官である司法大臣が裁判所を監督する（当時）のは、司法権の独立に反する、などであったようである（松本冬樹「『さつき会』の思い出」『裁判今昔』西神田編集室二〇頁）。松本さんは、同会会員の人たちの裁判に対する激しいまでの情熱に打たれ、その主張に共鳴したとされている。そして、裁判所に入ったころから、道元禅師の語録『正法眼蔵随聞記』に感銘し、同師を崇拝していたが、その中に「一事を専にせんすら、本性昧劣の根器、今生に窮め難し。努力学人一事を専らにすべし。」のくだりがあり、「一事を専らにすべし」の教えと、「裁判に専心すべし」との考えが心の中で重なったと言われている。

すでに、さつき会は、私どもが任官した昭和三七年ころには存在しなかったようだが、前記前田さんの裁判第一という考えは、同会の人たちの考えと共通するものがあったようだし、さらに近藤さんの考えにも共通するものがあったように思われる。

近藤さんの、裁判一筋で、しかも心から楽しみながら、悠然と精進される生き方に、我々後進は強い共感を覚えるのである。

岩松三郎さん

(2) 岩松三郎さん

大人《たいじん》である裁判官として、逸することのできない人について、さらに説明させてもらいたいと思う。

そのお一人は岩松三郎《いわまつさぶろう》さん（最高裁判事）である。岩松さんは、明治二六年（一八九三）一二月三一日生まれ、大正八年裁判官任官、昭和五年から東京地裁の司法官試補指導官（戦前一二期〜一六期生）、同一四年から司法研究所指導官、東京地裁所長などを経て、昭和二二年最高裁判事に就任し同三一年退職されているが、その学識、とりわけ民事訴訟法分野に関する知識は抜群だったようだ。私どもの世代が裁判官として深く尊敬し、本書で紹介している近藤完爾（論考二巻三七二頁）、村松俊夫（判時四八七号三頁）、鈴木忠一（『実務民事法2』日本評論社七四頁）、中村治朗（『裁判の世界を生きて』三六三頁）、内藤頼博（法の支配九六号七〇頁）さんなど、岩松さんから直接指導を受けた後進の人たちから、こぞって深い尊敬の発言がされている。毛利野富治郎さん（東京高裁判事）は、岩松さんにつき、「あれだけわかっていなければとても判事になれないなら、われわれは幾ら勉強したってあすこまでいけない。……判事をやめようかと……実際そう思った」と言われている（岩松三郎『ある裁判官の歩み』日本評論社七三頁。私も近藤完爾さんに対し似たような気持ちを抱いたことが思い出される〈本書二八頁〉）。岩松さんのお人柄については、同じ小法廷で一緒に仕事をした真野毅さん（最高裁判事）は、「悠揚迫らず……表裏のない純良そのものといった性格である。」と表現される。そのうえで、「法律実務と学理的基礎をしっかりと兼ね備えている……稀少な貴重な存在として私は常に尊敬を払っていた。」と称賛されているのである（前掲『ある裁判官の歩み』一頁）。

昭和三五年四月、司法研修所入所後早々に、修習生一同に対し岩松さんが講話をしてくださった。講師紹介の際、担当教官が、「偉大な先輩のお話を聞く機会に恵まれた諸君は幸せだ。」と嬉しそうに言われたことを記憶している。難しい法律の話は出なかったが、前記真野さんが岩松さんにつき語られたように、深い学識と豊かな経験に裏付けられた具体的お話を、悠揚迫らず語り、私ども修習生を圧倒された。研修初期の段階で、岩松さんという魅力溢れる良き法律家にお目にかかれたことは、誠に幸運だったと思う。

岩松さんは、「民事裁判における合議」（司法研修所資料第一三号、司法研修所刊）など、周到で優れた論説により、私ども実務家を指導された。白表紙の同資料第一三号は、昭和三五年研修所に入所した際に配付を受け、随分多くを教わったが、今でも必読の書ではなかろうか（本書二〇〇頁）。また、かつて世に高い評価を受けた『競売法』（現代法学全集、日本評論社）を執筆され、執行分野にも精通されていたからであろう、その喜寿をお祝いして『注釈強制執行法(1)～(5)』（第一法規）の刊行が後進により企画された。幸運にも、私も拙文（旧民訴法五八七条など〈照査〉）を書かせていただいたが、昭和五四年秋に盛大な喜寿祝賀出版記念会が開催され、岩松さんご本人による懐かしいお話と、さらにその高弟とも言うべき大勢の人たちによる岩松さんへの敬愛の気持ちが溢れるお話とを伺うことができた。これにより、改めて前記真野毅さんが語られた岩松さんの大人《たいじん》とも言うべきお人柄と優れた学識を確認できたのである。その祝賀会で、岩松さんは上記論説の執筆者に対し各人のイニシアルを刻んだ銀製の「ネクタイ留め」をプレゼントしてくださった（岩松さんについては、前掲書『ある裁判官の歩み』が一読の価値がある）。

(3) 内藤頼博さん

もう一人の大人《たいじん》とも称すべき裁判官は、内藤頼博《ないとうよりひろ》さん（名古屋高裁長官）である。昭和四〇年に、私は任官四年目の未特例判事補として東京家庭裁判所に配属されたが、内藤頼博さんが所長であった（本書三頁）。内藤さんは、明治四一年（一九〇八）三月一二日生まれ、昭和七年裁判官任官、家裁調査官研修所長、東京家裁所長などを経て、名古屋高裁長官に就任され、退官後は学習院院長をされている。

東京家裁では、私は内藤所長から事件処理について直接指導を受ける機会はなかったけれども、同所長主宰の会議、会合、勉強会・研究会などによく参加させてもらった。

内藤さんは、長身の堂々たる体軀、精悍な風貌の人であって、強い意志とともに一種の威厳を備えておられたと言ってよい。そして、いつも温顔で悠然とされていたうえ、柔軟な思考力と広い度量の持ち主であって、後進の発言にも虚心に耳を傾けられた。内藤さんの会議などでの発言を聞いていると、人格、識見ともに卓越した人であると感じられ、部内での信頼は極めて厚かった。また、「裁判所は国民・当事者のためにある」との強い信念を持ち、その旨の発言をし行動された。昭和四〇年当時、東京家裁は、合同庁舎が新営中だった（翌昭和四一年に落成）ため築地の勝鬨橋近くに家事部と少年交通部（筆者の配属部）が、日比谷公園内に少年部がいずれも仮庁舎で執務していた。内藤さんは、国民が気やすく来庁できるようにと、新庁舎のタイルの色彩にまでこだわり親しみやすい色を選択するなど細かに気配りされたことを伺った。この「国民のために」という考えは、部内の一同に強い影響を与えたと言ってよい。私ども後進は、大先輩のこの言動をいつも大切なものとして思い起こし、努力したのである。

昭和四〇年の紅葉のころ、内藤所長は、東京家裁勤務中の私ども同期の一同を、自宅に招いてくださった。内藤さんは、信州高遠三万石の城主であった内藤家の当主であると聞いていた。お住まいは新宿区「内藤町一番地」であり、広い庭にはさまざまな大きな樹木が鬱蒼としていたが、隣接の新宿御苑は内藤家の下屋敷の元庭園の一部で、それを国に寄付したものだと伺った。付言するに、敗戦直後の昭和二一年、裁判所法の立案作業が行われた際には、打合せ場所の確保が容易でないうえ、食糧が極度に不足していたため、内藤さん（当時司法省民事局第三課長）の好意により、内藤家の鎌倉の別荘が提供され、内藤さんら担当者が合宿で作業を進めることができたのだそうだ。内藤さんは、この別荘で従業員の人たちから、「殿様、殿様」と呼ばれていたというのである（根本松男・法学セミナー一九七一年五月号八一頁）。

内藤頼博さん

右のように、内藤さんは、裁判所法の立案に関与されたが、「終戦後の司法制度改革の経過」（司法研究報告書第八輯第一五号）という全五冊三二〇〇頁の大冊も執筆されている。同書は、戦後日本の司法制度創設に関する貴重な文献として、高く評価されている。

思うに、内藤さんは、優れた資質の持ち主であるとともに、よき環境のもとで鍛錬を受けて、前記のスケールの大きな大人《たいじん》に成長されたのであろう。いわば、厳父と慈父の両面を備えた内藤さんは、出会ったすべての人から深く尊敬されていたのである（内藤さんに関しては、高野耕一「温故知新」法の支配九六号七〇頁）。

3　温顔と強い意志――岡垣学さん（東京高裁部総括）

特殊保全処分の研究――再度の執筆

二年間の司法修習生活も終わりに近づき、昭和三六年（一九六一）一二月、司法研修所で、後期司法修習が開始された。開講初日に、修習生に対し各種の実務資料が配付されたが、その中に、盛岡地裁判事補岡垣学《おかがきまなぶ》『特殊保全処分の研究』（司法研究報告書第一〇輯第四号、司法研修所刊）という分厚い（四三〇頁）白表紙の資料があった。

当時は知らなかったのだが、右の著者岡垣さんは、大正一〇年（一九二一）一二月一四日生まれ、昭和一八年司法試験に合格したが同年一二月学徒出陣で従軍し、同二〇年八月陸軍法務中尉、同二四年六月裁判官任官、長崎家裁所長などを経て同五五年東京高裁部総括判事に就任されている。右の『特殊保全処分の研究』の執筆当時は、前記のように盛岡地裁判事補であった。

岡垣学さん

保全処分とは、一般に、私法上の権利の実現を確保するために、①裁判の確定または執行よりも前に、裁判所が命ずる暫定的、仮定的処分であって、当時民事訴訟法第六編（現在は民事保全法）に規定されている処分と、②司法とは別個の法律、例えば破産法等に定められた特別の分野に関する「特殊保全処分」と言われる処分とがある。当時は、①および執行の分野についての詳細な文献が少なく、まして②の分野についての具体的研究はほとんど存在しないと言ってよいほどであり、事件処理上この分野の詳細、具体的な研究が待ち望まれていたのであった。

ところで、裁判所部内には、当時から「司法研究」という制度があって、裁判官は、最高裁判所の許可を得て、六か月の研究期間内に、実務処理に役立つ対象（テーマ）の研究に専念し、研究期間終了後速やかに研究報告書を提出することができた。岡垣さんは、昭和三一年度の司法研究員に選ばれ、その際、未開拓とも言える前記②の「特殊保全処分」という困難な分野につき、実務に寄与できればと考えて、あえて研究対象に選択されたことを前記報告書の「はしがき」から知り、その使命感と強い意志に深い敬意を抱いたのである。のみならず、同じ「はしがき」中に、思わず身の引き締まるような、超人的な出来事の記述を見出した。岡垣さんは、前記の司法研究期間（昭和三一年六月から同年一二月まで）内の早い時期に報告書をほぼ書き上げ（後年知ったのだが、岡垣さんは仕事が的確で速い）、同年八月、推敲待ち状態の浄書原稿を、引越し荷物と一緒に転勤先の盛岡へ鉄道便で発送された。ところが、途中で荷物とともに原稿も紛失する被害に遭遇されたのである。そのため、新任地の盛岡地裁では、本来の裁判の職務遂行と並行して、さらに二年有余をかけ、改めて第一頁から原稿の全文を書き上げたのが同書だというのである。

当時司法修習生だった私は、裁判官の実際の多忙さについての理解は十分とは言えなかったが、少なくとも、実務修習地の裁判所（京都）で見聞した限り、裁判官の仕事は極めて多忙で、夜間はもちろん休日もそのほとんどを仕事に費やすのが通常であり、とりわけ新任地に着任した後事件記録の検討が一巡するまでの約半年間は超多忙であることを目の当たりにしていた。それゆえ、岡垣さんが新任地である盛岡地裁に着任後、初めて接する訴訟事件記録と取り組み、本業である裁判の仕事を滞りなく遂行するとともに、四三〇頁にも及ぶ法律論文を改めて最初から執筆し完成されたということは想像を絶することであって、その強靭な精神力と超人的エネルギーに驚嘆したのである。

岡垣さんの前記の説明に接し、おそらく多くの人が思い起こされたと考えるのだが、私は二つのことを思い出した。一つは、あの有名なイギリスの科学者アイザック・ニュートンの逸話である。周知のように、ニュートンが外出中に、それまで数年間かけて執筆した科学論文の原稿に、愛犬のダイヤモンドが燭台を倒して、それを焼却したため、ニュートンは強く落胆し健康を害したほどだったが、愛犬を責めることなく、気を取り直し、改めて長期間かけて執筆し、論文を完成させたというのである。似たような例は、イギリスの歴史家トーマス・カーライルが書いた『フランス革命史』の原稿についてもあり、お手伝いが反故紙と思い焼失させたため、改めて執筆したことがあったようだ。ただ、ニュートンの場合も、カーライルの場合も、実状は判らないが、おそらく岡垣さんが、超多忙で、かつその処理に遅滞が許されない本業を遂行しながらの再執筆であったのとは異なる状況だったのではないか、などと想像したのである。

その二は、我妻栄東大教授の著書『近代法における債権の優越的地位』（有斐閣）における有名な序文である。周知のように、同序文は、先生による昭和二七年一二月付けの文章であって、先生は、そこにおいて、大学教授の任務は、専攻する学問分野につき教科書を作ること、および最も重要と信じる学問的テーマにつき終生の研究を集中することの二つにあるとされる。そして、前者の『民法講義』の教科書の完成はいまだその途上であるし、後者の「資本主義の発達に伴う私法の変遷」というテーマについても、「近代法における債権の優越的地位」などいくつかの論文を世に送ったが、いまだ学問的責任は果たされていないとされた。そのうえで、先生が「著者が大学教授の職についた時にはもっと大きな抱負をもっていたはずだ。……これらの論文の行間に見える若い日の学問的情熱――それは、おそらく、読んでは考え、考えては書き、苦悩と苦慮をかさねた当時の姿をまざまざと思い浮べる私だけに見えるものではあろうが――その情熱は、私に訴えてやまない。……この論文と、さらに『民法講義』の残された三冊の重荷を背負い、暮れようとする夕陽を仰ぎながら、険しくて遠い学問の道を、私はあえぎながら、歩み続けることであろう」というものである。私たちの年代の学生たちはこの序文に接し、誰もがプロの道の厳しさに胸打たれたのである（我妻栄先生追悼「特集我妻法学の足跡」ジュリスト五六三号でも、同序文の一部が引用され〈二七頁〉、関係者から同旨の意見が述べられている）。

執行・保全事件の担当

昭和三七年四月、私は新潟地方裁判所に配属され、同裁判所では、通常訴訟事件のほかに、執行・

保全事件も初めて担当することになった。前述したように、当時執行・保全事件の具体的手続を詳述した文献が十分とは言い難く、早速岡垣さんの前掲『特殊保全処分の研究』のお世話になることになった。しかも、執行実務の場では、執行・保全の裁判がされても、その執行の回避のために、暫定的一時的執行停止を含む執行停止の申立て（旧民事訴訟法五五〇条。強制執行法三九条）が意外に多く、また停止に関する裁判についての不服申立ても数多くあり、やはり教科書上の知識ではなかなか対応が困難で、随分苦労をした。そのため同書の執行停止の解説（一一六頁）に加えて岡垣学「一時的執行停止命令に対する不服の申立」（判タ二九号二一頁）という難しい論説からも多くを教わった。右の文献を教材に、同裁判所民事部の優秀な職員から、執行・保全事件の実務の実情を、詳細に教えてもらったのである。今でも心から感謝している。

内剛・外柔

ところで、前記民事部係職員の説明により、岡垣さんが、昭和三五年から二年間、同裁判所民事部に在籍されていて、昭和三七年四月に、東京家裁家事部へ、私とは入替りに転出されたことを知ったのである。職員たちの説明によれば、岡垣さんの仕事の取組みぶりは超人的であって、裁判官室で執務中は近寄り難い雰囲気だった。また、自宅で大型事件処理をするとき、また論文執筆時には、それに徹底して集中され、食事も仕事をしながらとることが多かったので、食事時間になると、ご家族は用意した食事を書斎に持参し、そっと置いてくることが多かったと聞いていた、というのである。また岡垣さんは、仕事上自己には厳しかったが、職員との仕事上の問題の討議や、職員の指導、教育については、時間を気にせず懇切に行い、書記官研修所の受験者の指導もされ、優しい思いやりのある人であった。この気配りと優しい思いやりは、家族、親族、知人にも変わりなく示された（文集「追悼岡垣学」〈非売品〉。最高裁図書館にある）。付き合いには、忙しいときでも快く参加し、職員をよく自宅に招き歓談された。そのため、職員たちに強く慕われ、岡垣さんの東京家裁への異動が内定したときは、係職員たちの希望により、山形県境の温泉宿において、一夕家族同士で名残を惜しみ、さらに異動時には、異動先の宿舎まで、引越荷物の整理のため、職員たちがわざわざ出向き、感謝の気持ちを表したというのである。前掲文集「追悼岡垣学」中には、当時の岡垣さんの宿舎における、岡垣さんのご家族と、裁判所職員のスナップ写真が載せられていて、親しく、楽しそうな雰囲気が伝わってくるが、写真の職員全員について、私も面識があり懐かしい。このように、すでに転出されて久しい岡垣さんを、多くの職員が、懐かしみ、強く尊敬していることがうかがわれたのだが、いろいろなことを耳にするたびに、いったい岡垣さんとはどのような人なのだろうかと、そのつど思ったものである。

なお、他事ながら、同裁判所勤務当時のことにつき、少々付言させていただくと、在勤中の昭和三八年（一九六三）の冬は、観測史上初めての大雪だったそうで（さんぱち豪雪）、新潟では何日も列車が止まり、運転再開のときは、積雪が多く列車が見えず、雪原を列車の煙だけが動いていく風景がテレビ放映された。その後の平成二三年一月二二日付朝日新聞夕刊が、この豪雪の特集をしているが、死者行方不明者一六五人、新潟・上野間の急行列車は一〇六時間遅れたとのことだ（私は裁判所近くに住んでいたので雪害の実感はほとんどない）。また、翌年（昭和三九）六月には新潟地震があった。周知のように、民事訴訟法上、天災などにより裁判所の職務不能の場合、訴訟手続が中止されるが（同法一三〇条、旧民訴法二二〇条）、この地震については、記録上にそれが記述されている（菊井＝村松『全訂民事訴訟法Ⅰ』日本評論社一二三九四頁）。このような体験もしたが、たくさんのことを教えてもらった職場は、今でも懐かしい（本書二三四頁）。

◇

温顔・沈着

昭和四〇年夏、私は東京家裁に異動することになり、当時勝鬨橋のたもとにあった家裁少年交通部に着任して、同じ建物内の同家裁家事部に挨拶回りをした。そこで、初めて岡垣さんにお目にかかった。眼鏡をかけ、いかにも秀才らしい広い額の持ち主の岡垣さんは、十数年後輩に当たる私に対しても、気さくに、優しく、温顔をほころばせて、着任を歓迎してくださった。これまで、私は、これほど温顔で親しみを感じさせる裁判官に出会ったことがない。いったい、もの静かで、温顔のこの人のどこにあの強靭な精神力とエネルギーが秘められているのだろう、と強い印象を受けたのである。

この感想は、その後何回かお目にかかりお話を伺うことにより、理解できたように思う。岡垣さんは、軍隊生活のことを語られることは滅多になかったが、前記のように、司法試験に合格した昭和一八年（一九四三）に学徒動員で入隊して、北満・三江省に駐屯する第一〇師団に、敗戦時は台湾・新竹州に駐留する第九師団に所属するなど「各地に従軍し、幾度か生死の巷を彷徨した」と言われる

（前掲「追悼岡垣学」五八頁、六〇頁）。思うに、この死線を越えた体験が、あのもの静かで強靭な精神力を形成したのであろうと思ったものである。私の在学した昭和三〇年当時は、軍隊から帰還して復学した軍服姿（当時は衣服も不足していた）の先輩が学園内に多く見られたが、大方の先輩たちは、物静かで、かつ猛烈な勉強をされる人たちであった。

岡垣さんに対すると同様な感じは、東京地裁勤務中の昭和四六年六月の裁判官会議後の懇談会で、刑事部所属の同期生と一緒に、同刑事部の裁判長である岡村治信さん（後東京高裁部総括）からお話を伺ったときも感じたことだった。当夜の岡村さんのお話の細かい内容は忘れてしまったが、岡村さんがもの静かだが、強い意志の持ち主であることは言葉の端々から感じられた。後日、同期生から、岡村さんが、あの「キスカの奇跡」作戦を遂行された人であることを聞いたのである。「キスカの奇跡」とは、私どもの年代（当時小学校〈国民学校〉の低学年）にとって、周知の感動的出来事であった。太平洋戦争の敗色が漂いはじめた昭和一八年（一九四三）五月一二日、日本軍約二五〇〇人が守備しているアリューシャン列島のアッツ島に、膨大な航空機、戦車、艦艇の支援のもとに米軍一万一〇〇〇人が上陸し、日本軍は孤立無援で極寒と飢餓と兵器不足の状況下で一七日間も死闘を繰り返した後、同月二九日に、生き残った約五〇〇人で最後の白兵戦を交えたうえ全滅するという痛恨の出来事があった（平成二七年二月一七日付朝日新聞夕刊が特集をしているが、それによると、重傷のため動けなかった二七

名の人が辛うじて生き残れたようだ。そして、米兵は、日本軍は撃たれても撃たれても、また起き上がって向かってくるので、これに砲火を集中した、と述べたと言う)。アッツ島の日本軍全滅後、次の米軍の上陸目標は日本軍七千数百人が守備している近接のキスカ島だとされ、連日激しい爆撃と艦砲射撃が繰り返され日本軍の全滅は時間の問題とされていた。この状況下で、日本海軍の艦艇九隻が、「必成か必滅か」の悲壮な決意でキスカ駐留の日本軍救出作戦に参加し、アッツの玉砕からちょうど二か月後の七月二九日、天佑とも言うべき濃霧のため、制空権、制海権をほしいままにしている米軍の爆撃、艦砲射撃が一時途絶えた隙を突いてキスカ湾に進入して接岸し、奇跡的にキスカ島の日本軍全員を乗船させて撤退することに成功したのであった。当時「キスカの奇跡」と言われた感動的出来事である。岡村さんは巡洋艦「木曽」に乗船し、直接この救援作戦に参加されたのである(岡村治信「太平洋戦争体験記」法曹一八一号~一八九号)。同書につき、裁判官(鈴木忠一)であり、歌人でもあられる落合京太郎さんは高い評価をされている(鈴木忠一『落合京太郎随想集』法曹会二九四頁)。

このアッツ島とキスカ島に関し付言することをお許しいただきたいと思う。この二島は、地理的に、東は米国のアラスカ半島に近い米国領のアリューシャン列島に属しており、北はほぼ樺太の北端の緯度に位置して、日本からは遥かに遠く、兵器、食糧の補給は容易ではないことが予想されていたうえ、気象上も有名なアリューシャン低気圧による季節風が吹きすさぶ極寒の地で、日本軍が全滅した五月末でも、岡村さんによれば、アッツ島では、米軍の制空・制海権はもちろんだが、さらに雪交じりの季節風が荒れ狂い、同島の同胞救援目的の岡村さん乗船の日本艦船は、同島近くにあって、寒さと飢えと兵器不足のため救援を求めるアッツ島からの無電を耳にしながらも、同島に接岸することはできなかったというのである。生存自体も容易ではない米国領の二島に、計約一万人の日本軍を駐留させることは、客観的に冷静に考えるとき、無謀というほかない作戦で、今でも、悲しく、かつ痛恨の思いに包まれるのである。ただ、アッツ島で日本軍の想像を絶する反撃を受けた米軍は、キスカ島の日本軍に対しては、急がずに、爆撃などの火力で抵抗力を徹底的に喪失させたうえで、米軍の上陸を考えた模様で、キスカの奇跡は、アッツ島の日本軍同胞の無言の支援によるものと考えられるのである。

新渡戸稲造『武士道』（岩波書店三三頁、四七頁）は、武士道の淵源として「運命に任すという平静な感覚、不可避に対する静かな服従、危険災禍に直面してのストイック的なる沈着、……仏教は武士道に対してこれらを寄与した」と述べ、また、「勇気が人のたましいに宿れる姿は、平静すなわち心の落ちつきとして現れる。……真に勇敢なる人は常に沈着である。……激しき戦闘の最中にも彼は冷静であ」る、と述べているが、前記お二人に接するとき、この記述を思い出すのである。

倉田卓次さん（本書一六四頁）は、修習生当時、配属部の裁判官（判事補）である岡垣さん宅を訪問してお話を伺い、裁判と学問を両立させる意気込みとエネルギーに深い感銘を受け、帰途に駅の暗いホームでその感激を反芻した旨を述べられる（倉田卓次『裁判官の戦後史』八一頁）。

勉強会

昭和四一年から、既述の民事実務研究会（勉強会）に参加させてもらえたのだが（本書三〇頁）、もちろん岡垣さんもすでに会員であられた。岡垣さんは、若い後輩たちに発言させようと考えられたのであろう、必要のとき以外は、自ら積極的に発言することは控えていると感じられたが、発言されるときは、論理的であるのに加えて熱を込めた口調で強い説得力があった。お話を聞きながら、この人は何でも知っていて、判らないということはないのではないかと思ったものである。司会役の近藤完爾さんが定年退官された後は、岡垣さんと西村宏一さん（後福岡高裁長官。本書六三頁）のお二人が、司会者役を担当されたが、岡垣さんの基本的姿勢は変わらなかった。優れた才能に加えて、研究対象問題のすべてを周到に検討したうえで研究会に臨みながら、さりげなく参会者の発言を引き出し、整理されている思いやりの気持ちがいつも感じられ、その姿勢にいつも「先輩はかくあるべし」と思ったものである。そして岡垣さんが在席されているだけで、一種の安心感を覚えたのである。

赴くところ可ならざるは無し

岡垣さんは在任中多くの論説を公にされた。それも民、刑、家事と執務内容が異なる異動先に赴くつど、執務に関係する実務上の難問について、周到に考えた論説を次々公表し、実務に多大の貢献をされたのである。執務遂行に際し、岡垣さんの論説を参照しなかった裁判官はおそらくいなかったのではあるまいか。論文を拝読し、かつ日ごろの言動から憶測するに、岡垣さんは、自己の職域について完全に把握することを期して勉強を徹底され、その過程で解決されていない実務上の諸問題に逢着したときは、積極的に解明に取り組み、実務に役立つことを念じてそれを公表されたと思われ、そのプロとしての使命感に心打たれたのである。

余談ながら、昭和四二年末、大学の法学部法律学科で民事訴訟法Ⅱ（民事執行法。当時、法学部法律学科では、民事執行法も必修科目だった）の講師をされていた裁判官が異動されることになり、後の授業を引き受けてほしいとの話があった。聞けば岡垣さんも、かつて担当され、推薦してくださっているとのことなので、最高裁の許可を得て引き受けることにした。当時長崎家裁所長だった岡垣さんから「たまたま長崎を訪問されていた学長も喜んでおいでなので宜しく」という、いつもの特徴ある一字一画もゆるがせにしない細かな筆跡の手紙を頂戴した。授業では、岡垣学『強制執行法概論』を使用した（すでに、岡垣さんは執行法の大冊のテキストまで書いておられたのである）。同書は、学説を要領よく網羅したうえ、実務の取扱いと問題点が記述されており、私の方が貴重な勉強の機会を与えていただいたといってよい。

◇

裁判官の貰い物

上述のように、岡垣さんは、裁判上の数多くの難問につき、有益な論説を公表して実務に貢献されているが、さらに肩の凝らない、しかし貴重な随想も執筆されている。「裁判官の貰い物」（判時五四六号一二頁）という一文であって、私たちの年代の者たちは、これから多くの示唆を得たのである。これについては、別に詳述した（本書二二七頁）ので、ここでは簡単に紹介させていただきたいと思う。

岡垣さんは、この随想文の冒頭において、まず、「日本の裁判官が清廉であることは、一般に定評のあるところだ」としたうえで、「古い時代のことは暫く措き、明治初年以来の裁判官が職務をとるのに厳正公平を期するとともに、事件の当事者や利害関係人から……供応を受けたり、貰い物をしたりなどすることを避け、かりそめにも不正不当な金品収受の疑惑を受けることのないように身を持してきたため、かような評価を受けるにいたったのであろう。」とされる。そして、岡垣さんは先輩から「現地出張などのさい当事者らが渋茶くらいの提供をした場合には、いやな顔をしないでこれを受けるのが、むしろ望ましい」との指導を受け、それを実践しているとされている。

そのうえで、岡垣さんがこの随想文執筆当時（昭和四四年）まで、二〇年近く続けてきた裁判官生活の間に、時に事件の当事者から湯茶の程度を越える金品を提供され、その処置に困惑した事例があったとして、体験を紹介される。

その一は、昭和三一年の暮、盛岡地裁に転勤して間もないころの夕刻、宿舎に、初対面のお年寄りが、手土産だといってたくさんのリンゴを持参して来訪したうえ、民事訴訟事件の当事者本人らしく「自分の方の言い分が絶対正しいから、一日も早く相手方敗訴の判決をしてもらいたい。」と述べたというのである。岡垣さんは、着任早々でまだ事件の記録も読んでいないこと、事件の当事者が裁判官の私宅を訪れて事件の陳情をすることは極めて不適切であることを説いたうえ、持参したリンゴを持ち帰ってもらったが、その説得に随分長時間を費やしたというのである。

その二は、昭和三八年、東京家裁勤務中、離婚調停事件の調停成立後しばらくして、当事者だった女性から、裁判所の岡垣さん宛に、元の夫から最終回の調停分割金の支払を受けたので、調停で非常にお世話になったお礼として、軽少だがお金を送るという礼状と現金二万円が届いたが、受け取れない旨の書面を付して現金を送り返したというのである。

その三は、昭和四一年秋ころ、東京地裁勤務当時、境界確定等事件につき、和解が成立したところ、原告から、職員録ででも調べたのか、岡垣さんの自宅に、丁重な礼状と、これまでに洋酒店で遙かに眺めたことがあるが、口にしたことのない最高級の舶来洋酒が三本届いたが、配達してくれたデパートを通じて返品し、事件関係者から貰い物をすることは裁判官のモラルに反するし、訴訟関係者らから誤解を受けるおそれがある旨を記した葉書を出したら、丁重な詫び状が届いた、というのである。

裁判官倫理

周知のように、裁判官弾劾法（弾劾法）によると、裁判官は、①職務上の義務に著しく違反し、または職務を甚だしく怠ったとき、②職務の内外を問わず裁判官としての威信を著しく失うべき非行があったときは、罷免される（同法二条）。それゆえ、もし裁判官が訴訟関係者から「貰い物」（供応・収賄）を受けたとしたら、右罷免事由の②の裁判官としての威信を著しく失うべき非行に該当することは疑いない（裁判官訴追委員会編「裁判官訴追委員会概説」一二頁）。裁判官訴追委員会（訴追委員会）公表の統計資料によると、同委員会が発足した後の昭和二三年（一九四八）から令和二年（二〇二〇）までの七二年間に、貰い物（供応・収賄）を受けたとして、訴追委員会から裁判官弾劾裁判所（弾劾裁判所）に対し、訴追（起訴）され、罷免された事例が二件ある（詳細は、本書二二五頁参照）。

なお、国家公務員倫理法は、裁判官には適用がないけれども、同法は一定の公務員が事業者等から利益の供与・供応接待（贈与等）を受けることを否定していない（国家公務員倫理法六条など。ジュリスト一一六六号五九頁）。

訴追委員会の審査

裁判官の貰い物に関する裁判所の実情は、前記岡垣さん記述のとおりであって、裁判官が貰い物を受けることが存在しないことはもちろん、職務の公平さにつき、かりそめにも世人の疑惑を受けることがないように行動することは、裁判所の伝統として確立されていると言ってよく、岡垣さんの発言は正鵠を射ている。裁判所では、正義と公正が通用し、裁判官への贈物は存在しないし、通用もしないのである。

平成元年、私は訴追委員会事務局に出向を命じられ、訴追請求事案の審査手続に関与することになった。通常、その手続は訴追委員会において、事務局が収集した資料に基づき、被請求人（裁判官）一人ひとりにつき討議・審査のうえ、弾劾裁判所に対し訴追（起訴）するか否かが議決される。その場合、事前に事務局から訴追委員である国会議員のもとを訪れ、直接説明することも多い。岡垣さんの前記「裁判官の貰い物」の一文は、裁判官による供応・収賄を訴追請求事由とした事案の審議に際し、訴追委員に対するこの事前説明、または訴追委員会における審議の際に、裁判所の実情を紹介する説明資料としてしばしば使用させていただいた。これにより、裁判官が贈物を受け取ることはないという裁判所の実情につき、訴追委員各位の理解を得ることができたと思っている。岡垣さんに対し深く感謝をしたのである。

◇

安堵

すでに見たように、岡垣さんは、裁判所でそれぞれの配属先に赴くつど、超人的エネルギーによりその分野に隈なく精通され、本業の裁判の仕事を適切に処理するとともに、実務上の難問に取り組んで、解明の手掛かりとなる多くの論説を公にされた。その論稿は、いずれも、近藤完爾さんの言われる法律実務家の視点から（本書三二頁）、問題点につき周到に目配りしたもので、論理的でかつ落ち着きのよい結論を提唱されている。私たちは、事件処理に際し、これら論説に多くを教わったのである。上述した『特殊保全処分の研究』、「一時的執行停止命令に対する不服の申立」の論文や、その後刊行された『人事訴訟手続法』（第一法規）は、何度読み返したか知れない。

また、既述のように、岡垣さんは、自らに厳しかったが、外に対しては心優しく、気配りの人だった。以前に読んだ吉川英治『新書太閤記（二）』（吉川英治歴史時代文庫二三、講談社四一四頁）中の記述によれば、あの太閤秀吉が、三顧の礼をもって迎え、深く信頼していたという才人竹中半兵衛重治につき、祐筆に記録させたという文中に、「竹中は総軍を己の任とし、……万自然に任せたり。彼、先駆（さきがけ）、殿（しんがり）にあるときは、軍中何と無く心を安んじたり」のくだりがあるというのである。

岡垣さんにお目にかかりご指導をいただいたときには、いつもこの記述部分を岡垣さんに重ねて思い出したのである。

4　大山康晴さんと升田幸三さん——安岡満彦さん（最高裁判事）と西村宏一さん（福岡高裁長官）

「二人」の裁判長

東京地方裁判所の民事部には、昭和四二年（一九六七）当時、三三か部があって、一〇〇人を超える裁判官が執務していた。三三か部のうち、行政部、手形部等一三の特別部（専門部）を除く二〇の部は通常部と言われていた。通常部には不動産（土地、建物）関連の訴訟事件が多く係属し、いずれもいわば「不動産部」と言ってよいほどの事件割合を占めていたのである。

これは、第二次大戦で多くの建物が焼失したうえ、戦後の人口増加、経済活動の活発化などにより不動産需要が増大したことと、借地法、借家法、地代家賃統制令などで借家人保護が図られていたことから、主として貸主側から、いわば失地の回復を求めて賃料増額請求訴訟のほか、賃貸期間終了、債務不履行（賃料不払、地上建物の無断増改築、地上建物の無断譲渡）による契約解除などを理由とする建物明渡、または建物を収去して土地明渡を請求する訴訟が数多く提起されたことに由来する。

これらのうち、借地をめぐる紛争の予防と迅速な解決を図るため、昭和四一年（一九六六）、訴訟手続よりも簡便な「借地非訟手続」を新設する内容の借地法の改正が行われ（同年法律九三号）、翌四二年六月一日から施行された。非訟手続とは、周知のように、訴訟手続と異なり当事者対立を徹底せず、裁判所の介入を強め、簡便、早期に紛争解決を図ろうとする手続である。

　東京地裁民事部では、この法改正を受けて、昭和四二年四月一日付けで、借地非訟事件を扱う専門部として第三四部を新設した。そして、同部の構成員として、部総括判事に民事部第一二部総括判事であった安岡満彦《やすおかみつひこ》さんが就任され、また最高裁民事局第一課長で借地法の改正作業を担当した西村宏《にしむらこう》一《いち》さんも加わられるなど、東京地裁のいわば二人のエースが同部に配置された。そして、教育の目的からであろう、判事補になってから五年を経過し、判事の仕事ができるようになった（判事補の職権の特例等に関する法律）ばかりの判事補である田尻惟敏さん（後に、郷里の熊本地裁に異動され、しばらくして弁護士を開業された）および同期生である私が配属された。

安岡満彦さん

　安岡さんは、大正九年（一九二〇）五月五日生まれ、昭和一九年裁判官任官、司法研修所教官、同所長などを経て、同五七年最高裁判事に就任されている。東京地裁では、それまで直接お話を伺ったことはなかったが、裁判官会議後の懇談会や旅行会などで、いつも大勢の人たちに囲まれ会話されているのを拝見したし、研修所で安岡さんがクラス担任教官だったという先輩から、「誰に対しても、気さくに、懇切に指導してくださり、修習生から強く慕われていた。」と聞いていた。

　西村さんは、大正九年（一九二〇）七月二〇日生まれ、昭和二四年裁判官任官、最高裁民事・行政局長、同首席調査官などを経て福岡高裁長官に就任されている。西村さんとも、直接会話したことはなかったが、民事局第一課長当時、私の所属部の中村治朗裁判長（本書四頁）のもとに、しばしば来訪され、内容はよく判らなかったけれども、執務上の難しい事項につき質問し、相談されていたようだった。中村さんは、西村さんの、礼を尽くしながらも歯に衣着せぬ鋭い発言を聞きながら、いつも楽しそうに受け答えされていた。その雰囲気から察するに、おそらく中村さんが最も信頼されている後進であろうと推測された。

第三四部配属後、東京地裁で多くの人から、「事実上、裁判長が二人いて、右陪席裁判官がおらず、左陪席裁判官が二人いる変則部だな。」と冷やかされたが、二人の左陪席とも、なるほどとそれに納得したのである。昭和四二年四月一日同部に着任し、「二人」の裁判長に挨拶したところ、西村さんは、「中村治朗さんから、鍛えてやってくれと言われたよ。」という怖い発言をされた。そして、以来それを律儀に実行されたのである。

同部における仕事は、まず、同年六月一日に改正借地法が施行されるまでの二か月間に、滞りなくいわば開店できるよう手落ちのない準備をすることだった。それは、単に民事部の一か部を増設するというにとどまらず、地裁で初めて本格的に担当することになった非訟事件処理部の創設準備として、借地非訟手続を、訴訟手続および非訟手続との関連で誤りなく把握すること、不動産訴訟事件における判例（例えば、増改築禁止特約に関する最判昭和四一年四月二一日民集二〇巻四号七二〇頁、背信行為と認めるに足りない特段の事情に関する最判昭和二八年九月二五日民集七巻九号九七九頁など）のいわば射程距離がどの程度借地非訟事件に及ぶかまたは変容するかを検討すること、進展する非訟手続を具体的にイメージして、各段階ごとに問題点を想定し、適切な対応方法を考えておくこと、不動産法の理論（例えば借地権概念）と実情（更新料、承諾料など）を知ること、そのうえで、迅速、適切な事件処理のため、借地非訟の実体面・手続面について、可能の限り担当部としての統一的解釈・運用を決めておくことなどであった。

そのために、第三四部では、連日打合せが行われたが、それ以外の時間は、各人が前記の学習、検討、準備に充てることができた。通常、裁判所では訴訟事件記録の検討、審理および判決起案の作業と、それに伴って必要となる判例および学説検討の作業を併行することになるが、第三四部での四月、五月の開店準備のための二か月間は、具体的事件がいまだ係属していなかったので、もっぱら前記の準備作業に従事することができたのである。四〇年間の裁判所生活で初めての貴重な体験であった。

しかも、その討議、学習に際しては、東京地裁でも屈指の二人の先生から付ききりの指導を仰げるという幸せなものであった。

西村宏一さん

先生である二人の裁判長は、極めて対照的な存在だった。安岡さんは、左陪席の要領の悪い発言を我慢強く聞いたうえで、それにつき、間違っているときでも、まず「そうだな。」という前置きをつけた後、おもむろに考えの足らざるところを指摘し説明されるのが常であった。他方、西村さんは、左陪席の発言を全部聞く前にすでにその全容を理解し、間違っているときは、容赦なく「それは違うよ。」とか、「私はその考えはとらない。」と切れ味鋭く発言し、その根拠を簡潔に説明された。だが、こちらも、仕事のうえでは、先輩でも遠慮しないこととして、めげずに質問を繰り返し、または意見を述べることにしたが、西村さんは、正面から受け止めて歓迎し、私ども左陪席が質問する限り説明を続けてくださった。思うに、安岡さんは、我々左陪席との対話を通じてその未熟さを知り、何年ぶりかで教官に復帰し司法修習生を教育するような心境で指導してくださったのであろう。他方、西村さんは、特例判事補である以上当然のこととして、厳しい指導をされたのは明らかである。

この二人の裁判長から仕事上でお話を聞いていて、安岡さんは手堅く論理を積み重ねた解釈論に基づき、適切な結論を探ろうとされ、西村さんは、解釈の場面においても、解釈論の限度を越えない限り、解釈の幅を広げて適切な解決が図れないか常に意識されていたように憶測された（ただ、お二人の述べられる結論は、結局一致し、齟齬することはなかった。おそらく経験の積み重ねに由来するのだろう、と思ったものである）。右のお二人の相違は、さまざまな要素、要因があるのだろうが、安岡さんは、法律論をぎりぎりまで突き詰める司法研修所での体験が、西村さんは、民事局での立法にも関わるいわば眺望的職務内容の体験が、少なくとも、それぞれ何らかの影響を及ぼしているのではないかと推測したのである。

このこともあって、裁判所の裁判部以外の部門または裁判に関連性ある裁判所以外の分野（行政庁、民間会社）における体験は、より良き裁判を行うために有益だと思ったものである。ただ、その場合、一律には言えないが、①合議体に所属して、本務である裁判所の基礎的学習を行うために貴重な未特例判事補の五年間は、原則としてそれに専念する、②外部出向期間は長くなり過ぎない（例えば、二

○年近くも裁判所外に出向して戻るなどは適当ではない)、③出向対象分野は、当面裁判に関連する分野にする(製造業の民間会社に半年間出向した陪席裁判官の体験を聞く限り、その体験自体が無駄なことではないが、費用と効果から見てもう少し適切な分野があるように考えられる)のが望ましいと思う。

また、二人の裁判長とも、当然のことではあるが、「優れた理論が尊重される」という共通の認識をもち、仕事の場面における討論では厳しく徹底された。それゆえ、たまに、左陪席の意見であっても、「君の意見で良いのではないか。」と採用されることがあり、何よりの励みになったのである。第三四部における、この対照的な二人の先生と過ごした一年間は、緊張感があったが、極めて充実したものであり、貴重な基礎的勉強の期間になった。

そして、昭和四二年六月一日の改正借地法施行日を迎えたが、準備の成果であろうか、円滑なスタートになった。ただ、現実に事件処理に当たってみると、予想外のことも多く明らかとなった(安岡「借地非訟事件の処理状況と若干の問題」判時五一二号三頁以下)。第三四部では、事件処理の過程で、実体上、手続上問題があるときは、事実上、部の合議にかけて可能の限り統一的解釈、運用を行うこととしたが、実務上の参考のため、その協議結果がまとめられた(安岡ほか『借地非訟手続の実務』新日本法規出版)。また、裁判書は全員にコピーを配付し参考にすることにしており、二人の裁判長の裁判書は、左陪席には、文章表現も含め極めて有益であった。

前記のように、実質的合議により、同部では、当時(最近の実情は判らないが)、例えば建物増改築を制限する旨の特約(借地法八条の二第二項、借地借家法一七条二項)は「申立ての利益」に関する要件と考え、またその存否に争いある場合も利益を肯定するのが妥当だと解し、その立場による決定が行われていた（安岡・判時五一五号四頁、西村「増改築許可申立事件における増改築制限の特約」『会社と訴訟下巻』有斐閣一〇五三頁）。ところが、法律雑誌の判例紹介欄で、この決定例を紹介したうえで、「この決定は、……適法要件と解しているが、実体要件と解する余地もあろう。」と、コメントした例があった。だが、立法段階から議論されている問題点につき、判例研究・評釈で意見を開陳するのなら別だが、字数が限られた判例の紹介欄で右のように記述することは誤解を生じさせるおそれがないではない。判例紹介では、対立する見解の存在を紹介したうえで、同決定はどちらの見解に拠っているかを指摘する程度で足りるのではないか。まして、新法施行直後の運用上の大切な時期において、評釈に近い紹介説明は、判例紹介の役割をいささか越えて、誤解を生じさせるおそれがあるのではないかと考えられた。ところが、その後間もなく、判例時報（五三五号七〇頁）に、増改築禁止と借地条件変更に関連する事案について、同様のコメント付きで決定例が紹介された。そこで、今後のこともあるし、はっきり申し入れた方がよいということになり、第三四部を代表して、西村さんから、判例のコメントのあり方について、同誌上に前記のような意見を述べられ（西村「判例のコメントについて」判時五四〇号一八頁）、これに対し、同誌から、コメントについての基本的考えは西村さんの意見と一致するとの見解が示された（同号一九頁）。その後、同誌以外の判例紹介コメントでも、基本的に西村さんと同旨の立場が維持されていると言ってよい。西村さんの指摘は正当で、貴重な提言だったと思う。

これらの経緯を直接見聞したことを通じ、他者の文章に接するときは、細心の注意をもって誤りなきよう理解に努め、さらにこれにつき見解を表明するときは、その表現に慎重を期すべきことの重要性を教わったのである。そして、裁判所は、いわば「眼光紙背に徹する」ほどの記録の検討、十分な審理と判断を必要とすると思ったのである。理論家である松田二郎さん（元最高裁判事）が、「私の関与し最高裁で破棄された判決のうちには、今なおその理由がよく分からないものが若干ある」として、その詳細を語られている（判時六〇〇号五頁）。後年、この第三四部の前記出来事をしばしば思い出し、自戒したのである。

第三四部では鑑定委員として著名な不動産鑑定士も何人か選任されていた。あるとき、その著名な鑑定委員の一人が裁判官室に来て、私に対し「自分は行政庁の審議会委員もしているのだが、行政庁からは事前に、望ましい結論につき事実上意向表明があるところ、裁判所からはそれがないがどのようにしたらよいか。」と質問されたことがあり、驚いたことがある。安岡裁判長が引き取って、「裁判所では、鑑定事項の結論について、内々でも希望を述べることはない。専門家の立場から、公正、中立、自由に意見を出していただきたい。」と説明された。行政庁の審議会、審査会の実状は知らなかったが、後年、大学法学部で、行政法の講座を担当し、また自分でその委員等になってみて、審議会、審査会が「行政の傀儡となり、隠れ蓑として利用されている例が多い」との指摘（原田尚彦『行政法要論』学陽書房一二〇頁）を、率直に言って実感することがないではなく、右のことを思い出したのである。裁判所の鑑定委員会は、当時も今も、安岡さんが言われたように、公正、中立に運用されていると言ってよい。

◇

前述のように、安岡さんは司法研修所教官当時の教え子裁判官をはじめ多くの裁判官から慕われていたが、職員からも深い信頼を寄せられていた。第三四部の書記官室で、「安岡さんは、気さくで、真面目に職員の意見に耳を傾けてくれる人だとして、東京地裁で、職員に最も人気が高い裁判長だ。」と聞いたことがあるし、また他の部の書記官室の人たちからも同じことを耳にした。そして、日常的に、職員に対し、気さくに真面目に、だが注意すべきことは明確にかつ物静かに指導されるのを直接見聞していた。

既述のように、昭和四三年四月第三四部から離れ、私は新潟地裁長岡支部に異動となった。着任後、同地裁本庁に挨拶のため伺い、関谷六郎所長にお目にかかったところ「東京高裁管内の所長会同で指摘されたのだが、長岡支部は、東京高裁管内支部のうちで川崎支部に次ぎ、二番目に五年超の長期未済事件数が多い。頑張ってくれ。」と、所長会同の際の配付資料を示しながら思いがけない話をされたのである（後年川崎支部にも勤務することになるのだが）。

帰庁して調べてみると、昭和二〇年代に係属したスフ糸（ナイロン繊維誕生前のもので、強度が弱い代名詞のような繊維だった）の商品先物取引事件をはじめとして係属後五年超の多くの事件が累積しているうえ、単独体の未済事件数が四〇〇件近くあり、しかも田舎の支部裁判所なのに新受事件が毎月平均約三〇件もあった。これを週単独三開廷で処理するほかに、一週おきに片道一時間半かけて家庭裁判所の出張所に日帰り塡補する（五〇キロメートルにわずか足りない距離だとのことで日帰り出張であり、特に雪の降る冬期は、夜明け前に家を出発し夜帰宅するのは辛かった）という、いささか荷の重い職務分担だった（同支部は在官中を通じ最も多忙な裁判所だった）。そして同支部は、裁判官四人構成だが、そのうちお二人は翌年と翌翌年に定年退官予定の地元の大先輩判事で、もう一人は新任判事補であり、かつ備付書籍はかなり不十分だった。不平を言っても、事件が片付くわけではないので、長期未済事件処理を最優先し、遅くとも在勤中の三年間でゼロにする（新規発生もさせない）、未済事件数を可能な限り速やかに三〇〇件以内にすることとして、係書記官室に率直に協力を求めた（前記のように書記官室に誠意をもって接すべきことは第三四部で教わっていた）ところ、諸兄姉は献身的に協力してくれた。一年足らずして、未済件数が三〇〇件を切ったとき（長期未済事件も減っていた）、係全員でささやかだが祝賀会を開いたことが忘れられない。だが、三年間で処理を終える予定の五年超長期未済事件のうち、一件だけは、被告本人尋問の途中で代理人が入院してしまって処理できず、残念ながら、異動までにゼロにすることができなかった（今でもこの事件の事件名「頼母子講事件」、当事者名が記憶に残っている）。

何とか三年間事件処理ができたのには理由があった。事件処理に際して生じたさまざまの具体的問題、例えば、間接事実による不貞事実の認定の程度、当事者の提出した書面の陳述擬制（民訴法一五八条、旧同法一三八条）を口授したのに、調書に記載することを洩らしているのを口頭弁論終結後気づいたときの扱い、山林境界確定訴訟の検証、鑑定において、図面上固定点の存在が見出せないときの測量上の起点の特定方法、改正借地法施行後における非堅固建物の取壊しと堅固建物無断建築の具体的事実認定およびそれを債務不履行理由とする契約解除の判断（判時五六三号六七頁）、本人訴訟で消滅時効を援用すれば訴訟の帰趨が決するのに、援用しないときの釈明方法（上級審で、原審が気づかなかったと思われるのも不本意だ）などについて、当時悩み、一応の結論に達しても不安なので、頻繁に安岡さんに電話し、ご教示を仰いだのである。電話から聞こえる懐かしい声に何度元気づけられたかしれない（なお本書七頁）。

昭和四六年四月新潟地裁長岡支部から東京地裁民事部に異動することになったが、当時（一九七一）裁判所では、いわゆる青法協（青年法律家協会）問題が論じられていた。これは、前にも述べたように（本書八頁）、同年四月判事補一〇年を経過した裁判官が判事に再任用されなかったという事例があり、不再任の理由が、青法協という団体に所属していたからではないか、そうだとすると、思想、信条、団体加入の自由の原則に反することになるのではないか、という議論で、東京地裁でも、民事部裁判官を構成員とする民事部会（民事研究会）、民事部判事補会などで連日のように夕刻から意見交換が行われた。そして、前記民事部会で、研究会（勉強会）を設けて集中的に充実した検討を行い、その結果を民事部会に報告することが決まり、勉強会の取りまとめ役である座長に安岡さんが選出された（安岡勉強会と称された）。見解が鋭く対立するこの問題を取りまとめていくのは安岡さんが最適任者であることは衆目の一致するところであった。勉強会には多くの論客が集まったが、自由に意見を述べる一方、手分けしてさまざまな調査を、特に判事補たち（私もその一人だった）が行い、協力して報告書を作成するなどして、次第に意見が集約されていった。安岡さんが、辛抱強くさまざまな意見に耳を傾け、真摯に問題に取り組まれる姿勢に、いつの間にか全員が建設的に協力する気になっていったのである。安岡さんの言動は、事件処理においてもそうであったが、干潟にゆっくりと潮が満ちてきていて、気づいたときは、いつの間にか、一面が海水で満たされているというような感じだ、といつも思ったのである。

その後の昭和四七年に、民事第八部（商事部）裁判長の安岡さんは、商法の司法試験委員をされていたが、急に東京地裁民事部所長代行者に就任されたため、武藤春光さん（後広島高裁長官）に試験委員を交替された。安岡代行の指示で、武藤さんが試験委員の仕事に専念される二か月ほどの間、普段武藤さんが週二回担当されている単独事件処理を私がすることになった。何度か司法研修所教官をされ、司法修習生にとって難しい訴訟上の要件事実論についていわば教祖のような存在の武藤さん担当の訴訟事件記録では、主張・証拠はいずれも簡明に絞り込んで整理されていた。しかも、口頭弁論調書上に釈明した旨の記載があまりないことなどから推測するに、口頭で釈明され、代理人側でそれに基づき書面により主張、立証の整理、準備を行っているものと考えられた。また、詳細な手控えはなく、それは頭の中に整理されていたものだと思われた。この主張立証の絞込みは、訴訟進行では当然の作業なのだが、改めてその有益さを実感し、思わぬ実地教育をしていただく結果になった。また、武藤さんは、和解を午後四時から五時ころまでの間に一五分刻みに入れられていたが、私には無理なので、二〇分刻みで五時半ころまで入れて進行し、これを引き継いだところ、武藤さんから「君に、超過勤務（残業）をさせられるとは思わなかったな。」と冷やかされてしまった。この仕事が終わった後、安岡さんが、銀座の歌舞伎座前の高知料理の店で慰労会をしてくださったことが懐かしい（安岡さんは高知出身で、同郷の作家安岡章太郎さんは、確か従兄弟だと伺ったが、同氏もよく顔を出しておられた店だったそうだ）。

第三四部では、時々懇親麻雀会が開かれたが、安岡さんの中野のご自宅で開いてくださることもあった。この会で、ブービー賞をもらい帰宅したところ、未就学の子どもたち二人に「賞をもらうなんて、すごい。」と感心され戸惑ったことが思い出される。

その後第三四部を離れても、メンバーが不足のとき、たまに声がかかり何度かご自宅に参上した。時々終了が翌朝（日曜）になることもあったが、いつも温顔でお世話くださった奥様には今も感謝の気持ちで一杯である（同じ気持ちの人たちが多いはずである）。

◇

切れ味

昭和四二年の夏期休暇に入る直前に、西村さんから「最高裁から訴訟行為の追完に関する判決が出ているのを知っているか。」と質問された。たまたま、坂井芳雄調査官（後名古屋高裁長官）の判例（最判昭和四二年二月二四日民集二一巻一号二〇九頁）解説（法曹時報一九巻五号一一五頁）を読んでいたので、その旨を申し上げたところ、珍しく褒めてくださった。そのうえで、西村さんは「民商法雑誌からその評釈を頼まれているのだが、連名で書いてみるか。」と言われたのである。ありがたい話に感激して、夏休みを利用してやっと書き上げて提出したところ、「随分苦労したよ。」と言って草稿を返してくださったが、丹念に手が加えられていた（西村さんの文章は切れ味鋭い）。起案以外の文章作成について、西村さんから指導を受けたのは初めての体験であり、この種の文章作成（構成、表現）のあり方について、貴重なご指導をいただくことができたのである（西村＝渋川「判決の公示送達の不知を理由とする上訴の追完」民商法雑誌五七巻二号一六五頁）。

周知のように、西村さんは、国家賠償訴訟に関し、一つの見識をもっておられ（西村「裁判官の職務活動と国家賠償」判タ一五〇号八四頁）、時々そのお話をされた。それは、最高裁民事局で、裁判官を含む裁判所職員の国家賠償訴訟に関する職務を担当されている過程で形成されたようであった。お話の内容は多岐に及んだが、国家賠償に関する判決においては、関係者に損害が生じたとき（国賠法一条）、ほとんど国の無過失責任に近い結論を示していないか、被害者救済一辺倒の「可哀そう論」に陥って、自己責任が軽視され過ぎていないか、救済の財源は国民の税金によることからも筋が通るものでなければならないはずでないか、さらに公務員に対する求償権行使（国賠法一条二項、二条二項）は確実に行われているか、などであった（西村「最高裁民事局課長時代の回顧と雑感」『裁判今昔』西神田編集室一〇六頁参照）。極めて冷静、論理的見解であって、説得力ある説明に強い共感を覚えたのである。

裁判所出身者で東京近郊の大学、大学院に教員として勤務する人たちを構成員とする「栽樹会」という親睦団体があり、東海大学法学部を創設されたという西村さんにより設立されたと聞いていた。平成一一年夏に私も大学教員になったことから会員にしてくださった。同年初秋、西村会長、高野耕一副会長、伊藤滋夫幹事長が新入会員歓迎の昼食会を開いてくださった。その際、西村さんが、わざわざ出席してくださり（体調を崩されたとお手紙で伺っていた）、何年ぶりかで「わが師」にお目にかかることができた。お変わりなくお元気で、依然として切れ味鋭くさまざまなことにつき語られたが、当時の司法制度改革審議会の審議がやや拙速過ぎないか心配だと言われたのが強い印象として残っている。お話を伺っていて、西村さんの関心は、やはり裁判所の将来にあるようだった。お目にかかる少し前に、西村さんは、国民の倫理観の衰退を憂いて、ご趣味の七言の絶句中で、「官財乱懼㆑及㆓司法㆒」（官財の乱れ司法に及ぶを懼《おそ》れる）と詠んだうえで、後進に対し、中正、公平、真実追求を第一とする司法の伝統の遵守を期待するとされていたが（法曹五六三号一二頁）、当日も、後進の精進を期待する旨を改めて語られた。西村さんの強い正義感、歯に衣着せない論理的発言、俯瞰的物の見方は、当日も少しもお変わりなく、一同、東京地裁時代にタイムスリップしたような幸せな気分になりお話を伺ったのである。

平成一三年暮れだと思うが、西村さんと交替して、高野耕一さんが栽樹会の会長に、伊藤滋夫さんが副会長兼幹事長に就任された。私は事務補助で手伝をした。ここにお二人につき、一言させていただきたいと思う。高野耕一さんは昭和二八年裁判官任官、那覇家裁所長、司法研修所教官、東京高裁部総括、大東文化大学法学部教授を歴任されている。民事・家事両分野で著名な裁判官だが、私には、家事分野の問題につきしばしば、教えていただき、家事関係の大家の印象が強い。裁判所内では石田和外さん（最高裁長官）とともに剣道の実力者として知られているが、法律論も正々堂々の主張を展開された。他方、アララギの歌人でもあって、落合京太郎さんに師事されている。私は昭和四六年に同じ裁判所宿舎で面識を得て以来、怖い先輩だったがご指導をいただいてきた。高野耕一『裁判官の遍歴』（関東図書、平成一二年）、『高野耕一遺歌集』（高野映子編、風心社、平成二四年）は必見の書であると思う。伊藤滋夫さんは、昭和三一年裁判官任官、司法研修所教官、和歌山地家裁所長、東京高裁部総括、大東文化大学法学部教授、創価大学法科大学院教授を歴任されている。法律論文により理論家として著名だが、とりわけ民事訴訟における要件事実論の権威者で、裁判所内では「ミスター要件事実」とも評されていた。昭和六〇年に司法研修所で要件事実研究会が開催され、私も参加させていただいたが、研究担当教官が伊藤さんだった。それまで、論文によりご指導をいただいていたが、初めてお目にかかることができたのであった。伊藤さんの発言は論理的であるのに加え、熱意溢れるもので、理想の教育者とはこのような人を言うのだろうと思ったものである。この研究会の打上げは熱海のホテルだったが、海を臨む浴槽に、たまたま二人だけで浸かりながら、占有移転禁止仮処分の効力につき教えていただいたことが懐かしい。その後、伊藤さんは創価大学法科大学院の責任者として、法科大学院の開設から運営の作業を担当されたが、白鷗大学法科大学院の同様な仕事を担当した私はこの方面の知識、経験が乏しいので、さまざまなご指導とご支援をしていただいたことを心から感謝している。伊藤『事実認定の基礎』（有斐閣、平成八年）、『要件事実の基礎（新版）』（有斐閣、平成二七年）は、法律実務家に必読の書である。

◇

激励

前記のように昭和四三年四月、私は、東京地裁第三四部から新潟地裁長岡支部に異動になったが、着任当日に引越先で荷物の整理をするため、上野駅を朝七時台の早い列車で出発することにして家族で駅に行ったところ、思いがけず、その早朝に、二人の裁判長はじめ第三四部の人たちが見送りにきてくださった。そして、西村さんが「一同で相談の結果、今年秋の部の旅行会は長岡支部管内の越後湯沢に決めたから、また会おう。」と言われたのである。正直のところ、初めての支部赴任に、やや心細く感じていたところだったから、思いがけない第三四部の皆さんの激励に、心から感激し、力づけられたのである。

同年の秋、安岡さんから、「部の旅行会には、地元で一番評判のよい地酒を持って参加せよ。」との連絡があった。酒に詳しい職員に教えてもらって地元の「朝日山」を抱えて当日午後ホテルに行き待機していたのだが、到着予定時間を過ぎ、随分遅くなって一同が到着された。聞けば、集合場所の上野駅に行ったところ、埼玉県内の踏切事故で上越線の一部が不通になり、復旧の目途が立たないというので、上野駅から八王子駅まで行き、さらに八高線で高崎駅に迂回して、そこから折返し列車で湯沢駅まで来てくださったというのである。言葉で言い表せないほど感激し、ありがたく思ったのである。苦労して来てくださった当夜の会食は、気分が高揚し、二人の裁判長を囲んで盛会となった。

翌日は紅葉見物がてら、バスで三国峠を越えて群馬県に出て、沼田駅で上野行き上越線に乗ることとされたので、私もそれに同行させてもらい、同駅でお別れし反対方向の列車に乗ることにしてお供した。バスの中では、酒に一家言ある安岡さんが、前夜に賞讃してくださった朝日山（以来、来客のときはこの酒を買うことにしている）の一升瓶を、新しく封切りし、前夜に引き続き互いに回し飲みしながら会話が弾んだ。肝心の紅葉の情景がどうだったかまったく記憶にないが、第三四部の皆さんもきっと同じだったに違いない。

◇

大山さんと升田さん

東京地裁民事第三四部は、手形部、交通部などとともに、日比谷公園の一角に新設された木造建物の仮庁舎の中にあったが、昼休みに、安岡さんと西村さんは、部の裁判官室でよく碁の対戦をされた。西村さんから声を掛けられることが多かったが、安岡さんが白で、通算対戦成績は、安岡さんがごくわずかに良かったように思う。

碁のことは、私にはよく判らないが、なかなか見応えある勝負のようで、二人の裁判長の対局があると、日比谷庁舎の各部から多くの観戦者が集まり人垣を作って見守った。安岡さんは手堅く堅実ないわば忍耐の碁であり、西村さんは切れ味鋭くのびのびとした碁であると言ってよいように思われた。お二人のお人柄、仕事ぶりとして前述した特徴が表れているように感じたものである。

お二人の碁を観戦しながら、およそプロの対局と比較すること自体無理なことだが、将棋の世界だけれども、手堅い棋風で五冠王を達成し一五世名人となられた大山康晴さんと、のびのびとして切れ味鋭く、独創性も備えた棋風で、鬼才とも言われ、史上初の三冠王を達成して、実力制第四代名人になられた升田幸三さんの対局が似た感じなのだろうなと、いつも思ったのである（ただし、「傍（おか）目八目」的に見て、安岡さんと西村さんのお二人の方が遥かに紳士の風貌だと感じるのだが、いかがであろうか）。

「二人」の裁判長に、お会いでき同時にご指導いただけたことは、誠に幸運であったと心から感謝している。

5　菊井ゼミ——菊井維大さん（東京大学法学部教授）
汲めども尽きない泉——村松俊夫さん（東京高裁部総括）
静かなる強さ——田尾桃二さん（仙台高裁長官）

菊井＝村松

昭和五二年（一九七七）秋、東京地裁民事部で、裁判官の月例研究会（民事部会）が開催され、ドイツの民事事件処理の促進に関する立法（負担軽減法、簡素化法）についての研究、討議が行われた。その折、ドイツの裁判官が一般的に使用する民訴法のコンメンタールはどのようなものか、ということが、たまたま話題になった。ドイツの裁判所に実務研究で出張された倉田卓次さん（本書一六四頁）が、議長の指名で、「自分の見聞した限りでは、大方の裁判官が、バウムバッハのコンメンタール（Baumbach=Lauterbach, ZPO. 当時三〇版が出ていた）を、手軽に参照していた。」と説明された。

これを聞き、日本の我々が「菊井＝村松」を参照するのと同じ光景だなと思ったのである。多くの裁判官が同様な感想をもたれたようだ。

周知のように、「菊井＝村松」とは、日本評論社刊行の『法律学体系コンメンタール篇』中、民訴法（明治二三年法律二九号）に関する逐条解説であり、学者である菊井《きくい》維大《つなひろ》先生（東京大学法学部教授）と実務家である村松《むらまつ》俊夫《としお》先生（東京高裁部総括判事）共著の愛称である。昭和三二年（一九五七）一一月に当時の民訴法第一条から第二二一条（訴訟手続の停止）までの第Ⅰ巻が、昭和三九年（一九六四）四月に残りの条文に関する第Ⅱ巻が刊行された。前記倉田卓次さんは、この菊井＝村松を、「実務家の座右の書」と言われる（倉田「村松先生の民訴論文」判タ六三二号八〇頁）。

第Ⅰ巻が刊行された当時、まだ私は学生だったが、学生間で「教科書と併用すると難解な民訴法を理解しやすい」と言われており、大方の学生がこの第Ⅰ巻を参照していた。その後、司法修習生になって、実務家の多くが、この菊井＝村松を気軽に利用されていることを知ったのである。その後の昭和五三年一〇月に第Ⅰ巻が、七名の裁判官（鈴木重信、田尾桃二、奈良次郎、井関浩、上谷清、小倉顕、他一名）により補筆され、全訂版として刊行された。当時、執筆者のうち、右のように「他一名」と書籍に記載されている人はいったいどなただろうか、と話題になったものである。そして、さらに同書は同五九年一二月に改訂され、また第Ⅱ巻中三六〇条以下（上訴）が同六一年九月に第Ⅲ巻として、平成元年七月に第Ⅱ巻の残りの条文に関する部分が第Ⅱ巻として各全面改訂された。

第Ⅰ巻の前掲全訂版の刊行から間もないころ、その数年前に裁判長として短期間だがご指導いただいた井口牧郎さん（菊井＝村松の全訂作業当時最高裁民事局長、後名古屋高裁長官。本書一八七頁）からのお話で、光栄にも井口さんの後任として、私もこの全訂作業の一員に加えていただくことになった。その際のお話によると、井口さんは以前から菊井＝村松の全訂作業に関与されていたが、最高裁事務総局では本務以外の仕事に参加できない状況になったので、全訂者として氏名を出さず、前記「他一名」の記載にしたとのことであった。

菊井＝村松の全訂打合せ会は、最低月に一回、土曜の午後一時から六時ごろまで、当時東京都の四谷須賀町にあった日本評論社の木造の旧社屋の二階社長室兼応接室で開催された。当日は、関係参考文献、判例時報等判例雑誌を、直ちに示せるように車に積み参加した。もちろん日本評論社に文献はあるのだが、探し出す時間節約のためである。今でも、この打合せ室の机、椅子の配置まで思い出されるし、打合せ後の夜道における車中の高揚感が懐かしい。その当時、参加者の常連の人たちは、菊井先生のほか、田尾桃二、奈良次郎、上谷清、小倉顕さんら五人の方々と私で、村松先生は体調を崩され出席されなかった。田尾さんが座長をされ、各人に担当箇所、条文を割り当てられた。担当者はあらかじめ該当部分の学説、判例を十分に調査したうえ、菊井＝村松の原文に加削した補筆案を作成して、編集部に提出し、事前にそれが参加者全員に配付された。打合せ当日は、田尾座長の司会で補筆案について、逐語的に、内容はもちろん、表現についても討議する方法で行われた。そこでは、さまざまな学説、実務上の取扱いが紹介、説明された。そして、私以外の担当者の執筆部分については、討議が順調に進行した。だが、私の担当部分にくると、いつも補正の意見が多く出て議論が活発化し（議論の活発化を意図したつもりはないのだが）、多くの時間をかけさせてしまった。だが私にとって、この全訂打合せ会は、実に貴重な、得難い実りある勉強の機会であった。我慢強く、最後までご指導くださった菊井先生、田尾座長はじめ先輩たちに、今でも心から感謝している。

このような作業の結果、前掲全訂版が順次刊行された。そして、旧版と変わりなく利用されたことは嬉しいことであった。

(1) 菊井維大先生

菊井ゼミ

現在の法律実務家の大方は、民事訴訟法、強制執行法の大家であられる菊井維大先生の著書(「菊井＝村松」を含む)、論文から何らかのご教示を受けていると言ってよいと思われる。

周知のように、菊井先生は、明治三二年(一八九九)二月一九日生まれ、大正一四年東京大学法学部助教授、昭和七年同教授、同三四年定年退官、立教大学教授、同三五年民訴法学会理事長に就任され、民訴法、執行法、破産法が専門である。助教授時代の昭和四年に『民事訴訟法』(現代法学全集、日本評論社)を刊行されたのをはじめとして、『保全訴訟』(新法学全集、同社)、『民事訴訟法(2)』(強制執行法、有斐閣)、『破産法概要』(弘文堂)、『強制執行法総論』(法律学全集、有斐閣)などの体系書を公にされ、また学術論文は数知れない(先生に関する詳細は、座談会「菊井維大先生に聞く」季刊実務民事法一号一一二頁、日本評論社)。実務家にとっては、前掲菊井＝村松と並んで昭和三〇年一月に刊行された菊井＝村松『仮差押・仮処分』(青林書院)も、保全訴訟関係の文献が少なかった当時の貴重な体系書で、昭和四〇年に改訂されている。学者である菊井先生と実務家の村松先生は、すでに昭和一四年ころから親交があったようで（村松「裁判所生活四〇年」判時四八七号四頁）、貴重な組み合わせと言ってよい。

菊井先生は、昭和五八年当時、すでに八〇歳を超えておられたはずだが、全訂打合せ会への参加が楽しみだったようで、いつも定刻前に出席され、皆勤だった。討議が始まると、そのまま休憩なしで五～六時間続くのに、いつも背筋を伸ばして悠然と着席され、参加者の発言を聴取しながらメモを取り、実務の実情やその理由につき、しばしば質問をし、意見を述べられた。その発言から推測するに、当時の先生の関心は、実務の動きにあったようだ。先生は、自説を述べるときも、我々後進の意見を徴するときも、冷静に真摯に対応してくださり、在席されるだけで、一種の緊張感と学問的雰囲気が醸し出され、理想の学者の存在とはこのようなものなのかと思うとともに、優れた田尾ゼミ長の司会で開講される「菊井ゼミ」で指導を受けているような感じをもったのである。著名な大学者に、数年間直接会話を交わしご指導いただけたことを、心から感謝している。

菊井維大先生

先生の先生

菊井先生が、全訂打合せ会に、定刻より早く出席されることは前述したが、討議開始前の時間に、得難い機会として、私は先生からさまざまなことを伺うことにしていた。そのお話のうちで記憶に残ることがある。

昭和五八年初夏のころだったが、その直前に刊行された菊井先生を囲む法律雑誌の前記座談会（前掲季刊実務民事法一号一二〇頁）において、菊井先生が、自らの恩師である著名な加藤正治先生（東京大学教授。執行法、破産法専攻）につき語られた。そのなかで、菊井先生は、加藤先生が

歩々ゆるく遅きは克たむ富士詣

という俳句を詠まれたことを紹介し、加藤先生の生活信条にぴったりの句であって、同先生はこの句をよく引用して、学生に対し、勉強でも仕事でも、「急ぐな、休むな」と話された、と発言されていた。そこで、菊井先生に対し、そのくだりにつき解説をお願いしたのである。菊井先生は「加藤先生は、拙速を戒められたのですよ。」と答えられた。竹下守夫駿河台大学長も「倦まず弛まず着実に歩を進め……るという生き方が先生の信条……だった」とされる（法曹七五三号六頁）。

(2) 村松俊夫先生

民事演習

現在は、大学の法学部法律学科でも、訴訟法および演習（セミナー）は選択科目のようだが、昭和三〇年代では、民・刑の訴訟法（強制執行法を含む）と民・刑の演習科目は、いずれも必修科目だった。そして、演習科目は学者教員と実務家教員とが各別に担当されていたが、学生間では、実務家の先生の話が具体的で勉強になるとして、人気が高かった。その噂を聞き、私も実務家教員の演習を選択し

たのだが、担当が村松先生だった（それゆえ「先生」と呼称する）。周知のように、村松先生は、明治三五年（一九〇二）二月二〇日生まれ、昭和三年裁判官任官、司法研修所教官（昭和二一年から同二七年〈高輪期から第五期〉まで）を経て、東京高裁部総括判事に、退官後は上智大学法学部教授（民訴法）に就任されている。なお、新潟地裁長岡支部に、私が勤務した昭和四三年よりも約四〇年前に勤務されていることを知り、懐かしく思ったものである。先生の当時は、上越線はまだなく、信越線回りで、東京から同裁判所まで一〇時間以上かかったと言われている（前掲判時四八七号三頁）。

前記演習開始の第一限目に、先生は「村松という者で、東京高裁に勤務している。」と最小限自己紹介しただけで、一分でも惜しそうに直ちに授業を開始された。演習問題は、具体的事件に範をとられているようで、民、商、訴訟法が入り交じったものが多く、しばしば上訴に関する問題もあった。あらかじめ出題することはせずに、授業時に、黒板に事実関係を図示しながら説明したうえで、問題点につき、学生に質問していく方法をとられた。したがって、学生は予習しなくてもよいのだが、授業時間中は、既存の知識を総動員しても、判らないことが多かった（とりわけ訴訟法、上訴関連が難解だった）。しかも、先生は発言する者しか相手にせずに授業を進められ（後年、末弘厳太郎先生のゼミが同様だったことを、菊井先生のお話で知った。前掲季刊実務民事法一号一一六頁）、挙手した者に対し「はい、きみ」と指示して発言をさせ（学生の氏名には関心がなく、成績は期末テストだけで判定された）、学生の発言中に誤りがあると丹

村松俊夫さん

念に指摘し、たまに正解があっても、すぐに、「仮にそうだとすると、こういう問題が生ずるが、どうするかね。」と、直ちに次の質問をされた。そして我々が結局最後は力及ばず沈黙すると、先生は満足そうな顔をされるのである。それにも拘わらず、先生に挑戦する同輩が多く、それを見て、私も、たまには自分も、と真似て参加し、その結果いつも自信喪失状態になったのである。

汲めども尽きない泉

授業を受けながら、先生の知識は、汲めども尽きない泉のようだなといつも感じたのだが、その後、村松先生が長い実務経験に加え、前記のように研修所教官を六年間も務められ、優れた先輩実務家たちがこぞって畏敬の念を抱く博学な人だった（「村松俊夫先生を偲ぶ特集」判タ六三〇号七五頁、七八頁、八二頁など）ことを知り、知識が無尽蔵の理由が納得できたのである。

昭和三四年秋、司法試験の口述試験が行われた際、民訴法の面接室に入ったところ、試験委員席に、思いがけず村松先生と吉川大二郎さん（弁護士）が着席されていた。一瞬ホッとしたところ、村松先生が主任で質問を始められた。質問内容は、訴え提起の効果に関することだと判ったのだが、教室のときより声が低くよく聞き取れず、二回も聞き返してしまった。すると、隣席の吉川さんに「君、真面目に聞け。」と怒鳴られてしまった（吉川さんは体も大きいが声も大きい）。びっくりしていると、村松先生が、落ち着かせようと思われたのであろう、笑顔で（村松先生の笑顔は珍しい）もう一度質問してくださった。何とか無事（と思う）に終わり、落第せずに済んだが、村松先生の笑顔のお陰だったのかもしれない。

最終講義

その後昭和四一年秋、司法研修所での特例判事補直前（任官後五年）研究の際、東京高裁部総括判事の村松先生の講話があった。先生は、約半年後である翌年定年退官されており、いわば最終講義のような心境だったのだろうか、それまでの裁判官生活を回顧し、次のように語られた。

① 自分は現在高裁で執務しているが、高裁は事実審の最終審だし、また、以前と違って第一審は単独体が主になり、最高裁は裁判官出身以外の方も構成員になったので、率直に言って、キャリア裁判官の合議体である高裁の役割が大きいと自覚して執務している。だが、「あなた方」（いつも後進たちをこう呼ばれた）が担当している第一審の方が、事件の起こった時期に近接し関係者の記憶も鮮明で、適切な判断がより容易なはずだし、一審の適正な判断は当事者のためでもある（講話中、何度も「当事者のため」という言葉を使用された）から、その役割はむしろ第二審より大きく、やり甲斐があるとも言える。自覚して執務に精進してほしい。

② 事件処理におけるいわば原点は事件記録にあると言ってよい。審理中に、心証が固まらないことを経験していると思うが、そのようなときは、そのつど事件記録に戻って検討してみることだ。記録を精読し、考えながら主張、証拠を丹念に検討すると、大概解決の糸口が見つかり、事案の真相について見当のつくことが多いものだ。事件記録は最も身近な宝庫のようなものだと考えたらよい。

③ 訴訟事件の処理においては経験の積み重ねが大きい。約四〇年間事件処理を担当してきたが、原審の判断、または合議における主任裁判官の意見では、事件処理の「すわり」がどうもよくないと感じることがないではない。そのようなときは、主任裁判官に改めて事件記録の精査、学説・判例の再調査、検討を求め、自分もそれに努めることにしているが、そうすると、大概すわりのよい学説、判例が存在していることが多く、仮に存在しなくとも熟慮のうえ十分合議すれば、すわりのよい事実認定や判断ができるようになる（後年、私も高裁勤務において同様の感想をもった）。これは、ひたすら仕事に打ち込み、経験を重ねるときに可能になるのだと思っている（田尾桃二さんも、同様のことを言われている。田尾「『経験』、『勘』などについての思い出」法曹四八八号一〇頁）。いつかそのように感じることができるように精進を怠らないでほしい。

ちなみに、ここに、上述した村松先生の言われる事件の「すわり」「おちつき」、または「すじ」につき若干の付言をさせていただきたい。村松先生は、周知のように、すでに以前（昭和六年ころ）から、事件の「すわり」「おちつき」「すじ」などに関する見解を公にされていた（村松『民事裁判の理論と実務』有信堂七頁、三七頁）が、さらにその後関係者により関連の研究がされている（田尾・前掲法曹四八八号七頁、判タ八九一号一三頁など）。村松先生によれば、事件の勝敗を決定するのに「すじ」を問題にするのは「法律を適用して出した事件の結論と、裁判官の事件全体について法感情に基づいてなされた判断の結論との間に、くい違いが生じたときにのみ、問題になる」として、例えば、書面による多額の金銭の贈与契約に基づき、その履行を贈与者の相続人に請求した事案において、原告主張の書面による贈与契約の存在自体は当事者間に争いはないが、無効、取消しの主張につき立証がなく、またその大金の贈与をするだけの事由ないし事情が認められないとき、原告の請求を認容するのに強い躊躇を感じるものがあったなど、体験された数個の具体例を示されている（実務家は多かれ少なかれ似たような経験があると言ってよい）。そして、村松先生は、「事件の勝敗をきめる『すじ』の当否をきめる場合の判断についても、あらゆる可能な判断のあらゆる場合を考え、そのあらゆる場合の結論を比較考量して……苦慮するのである。」と説かれる（村松・前掲書三七頁、五一頁）。独断的、安易な判断に陥らないことも言われるのであろう。

④　事件処理における裁判長の役割が大きいことを痛感している。適正、迅速なよい裁判を行うためには、裁判長が先頭に立って仕事と勉強に精進すべきだ（陪席裁判官をされた杉山孝さんは、裁判長の「村松さんの仕事振りは極めて精力的であった」の一語に尽きる、とされる。前掲判タ六三〇号八四頁）。裁判長は陪席裁判官よりも、何でも知っていなければならない。そういう裁判長なら、あなた方も陪席裁判官として尊敬する気になるのではないか。また、同じ内容のことを言っても、当事者・代理人は陪席裁判官の発言よりも、裁判長の発言を事実上重く受け止めるものだ。心して経験を重ねてほしい（このお話を聞いたときは、「同じ事実、理由に基づき説得するのだから、裁判長と陪席裁判官とで差はないのではないか」と思ったのだが、後年村松先生のお話と同様のことを何度か経験した）。

⑤　高裁では、まず原判決により当事者の主張を読み、訴訟物、争点を把握し、証拠を十分検討したうえで、原判決の理由に目を通すことを一貫して徹底したし、陪席裁判官にもそれを要求した（陪席

裁判官である前記杉山孝さんもこれを認められる〈前掲判タ六三〇号八五頁〉。ただ、このような運用はそれほど一般的ではないように筆者には思われる)。これにより虚心に心証形成をしたのである。また、このようにしながら、事件処理の順序を決め、急ぐものは優先して処理した。

⑥審理、判決において、構成要件とそれ以外の事実(事情)の峻別を徹底すべきだ。ちなみに、村松先生の教え子で、かつご自分も長く研修所教官をされた田尾さんは、研修所教官としての村松先生は「要件事実教育の提唱者であり、始祖であった」とされる。また、村松先生が、要件事実と関連して、趣味である弓道の例を引き、弓道における基本型の大切さを指摘し、裁判でも構成要件にそって事案の構成をすれば、的確な結論に達すると村松先生が語られたとされる(田尾「村松先生と法曹教育」前掲判タ六三〇号八七頁、八八頁)。筆者は、弓道のことは知らないけれども、雪国生まれで覚えたスキーでも似たように基本型の大切さが指摘されることを思い出し、お話が理解できるような気がしたのである。

⑦(研修員からの質問を受けて)村松先生は、「菊井＝村松」を含む裁判以外の論文等の執筆に関しては、裁判という本業の余暇に行うのが大原則である、自分は、時間配分として、早朝に起き出勤前に行っている、論文はあらかじめテーマを決めるというよりも、実務上生起する問題点、およびそれを調査・検討した結果をメモに記載しているから、それを文章に整理しているにとどまる。ただ菊井＝村松についてはかなり健康上も負担だった。

村松先生はおおよそ以上を語られた。先生は、退官後、「裁判所生活四〇年(一)〜(四)」(前掲判時四八七号以下）を執筆され、また先生の司法研修所時代の優れたお弟子などによる先生に対する追悼文（前掲判タ六三〇号、六三二号）があるが、教わることが多い。

上訴審の裁判長

昭和三七年から三年間、私は新潟地裁判事補として勤務したのだが、周知のように同裁判所の上訴審裁判所は東京高裁になる。上訴審から戻ってきた確定事件記録（民訴規一八五条、旧民訴法三九二条）は、そのつど勉強のため拝見させてもらっていたが、村松先生の部に係属した事件では、当事者の理解とともに、下級審の指導も意図されたのであろう、原審判決の足らざることを、時間をかけ詳細に指摘・補足した判決をされていた。前記杉山さんによれば、先生は、原判決の引用（民訴規一八四条、旧民訴法三九一条）を嫌われ前記のように丹念な判決をされたが、事件処理は迅速で、未済事件数は常に同高裁で最少の部であったというのである（前掲判タ六三〇号八四頁）。また先生の教え子である坂井芳雄さん（後名古屋高裁長官）は「高裁の村松法廷といえば、在野法曹界においてまことに信頼の厚い法廷として著名であった」（前掲判タ同号八三頁）と述べられる。筆者は、村松判決により、当該事件の処理とともに、上訴審判決のあり方まで教わった気がしたのである。

法曹の理想像

西村宏一さん（福岡高裁長官。本書六三頁）は、裁判実務での精進、実務に根をおろした法学研究、後輩の指導育成の三つを備えることは法曹人の理想像であるところ、村松先生はこれを備えた人だとされている（前掲判タ同号七五頁）。

(3) 田尾桃二さん

静かなる強さ

「菊井＝村松」の全訂打合せ会の座長として取りまとめをされた田尾桃二《たおとうじ》さんは、大正一五年（一九二六）一一月一一日生まれ、昭和二六年裁判官任官、司法研修所教官、最高裁調査官、宇都宮家裁所長などを経て仙台高裁長官に、退官後は帝京大学法学部長に就任されている。

初めてお目にかかったのは、判事補研究のときで、担当教官としてもの静かに諄々と筋道立つ話をされたのが印象的だった。何年か後、法曹会館で開催された司法研修所の会議の際、たまたま田尾さんと同じテーブルの隣席になり、お話を伺ったが、そこでも、田尾さんは、以前感じたとおりもの静かで説得的な話をされた（ただお話の詳細は思い出せない）。優れた先輩にお目にかかったときにいつも感じるように、このときも、いつまでもこのお話を聞く時間が続いてほしいと思ったのである。田尾さんの姿勢は、菊井＝村松全訂打合せ会などの際にも変わりがなかった。田尾さんは、最高裁判決の調査官解説をはじめ、多くの論説、さらに随想なども執筆されているほか、後進のため、執務上のさまざまな問題につき研究会を開き対談などもされている（『民事事実認定』判例タイムズ社など）。

前記の田尾さんのお話、論説等で、私どもは多くのことを教わったが、そのうちのいくつかについて述べさせてもらいたいと思う。

事実認定

まず事実認定の心構えに関してである。事件処理が適正迅速に行われるには、誤りなき事実認定が前提になるが、実務家、とりわけ裁判官にとって、それは極めて困難な作業に属する。周知のように、田尾さんは、事実認定の心構えについて、経験則と関係づけて語られる。すなわち、「一般に裁判官が立証責任で事を解決している例は少ないものです。……合理的な疑いを超えた確信に近いながらも、なお一抹の不安の消えないまま認定することも少なくありませんでした。そのような場合、私は、いつも、『それらしく間違いたい』、『それらしい間違いをするべきだ』と思い実行してきました。認定の難しい事実には二種類あります。一は当事者も分からない事実です。……この種の事項についての事実認定は裁判官としては気の楽な面があります。……二は、当事者はよく知っているが裁判官は分かっていない事実です。……この種事実についての認定が裁判官にとっては最も頭が痛く、辛いところ……です。このようなとき、……私は、万一間違っても、間違ってもやむを得ない、しょうがないと言われるように間違うべきだと思ってきました。例えば、……ホテルに男女が入ったら肉体関係がある方に認定すべきであるし、

田尾桃二さん

領収証がなければ金の返済はない方に認定すべきだと心掛けました。……関係がなくとも、ホテルに入ったのだから関係があったと認められてもしょうがないと当事者も一応納得するでしょう。真実は金を弁済していても領収証がなかったんだから裁判所が誤ってもしょうがないと思ってくれるでしょう。このことは、客観的には、わかりにくいときは、経験則に沿った認定をしておこうということです。」と述べられる（「事実認定の諸問題について」司法研修所論集九二号四八頁）。事実認定に関しては、多くの文献があるけれども、田尾さんのこのお話は、体験に基づく事実認定に関する基本的心構えを説くもので、当時私は悩みが軽くなったような気がしたのである。

そして、田尾さんは、これに続けて、事実認定は、仮説を立てての推理だから、推理におかしなところはないか、経験則や論理法則に反しないかを絶えずチェック反省すべきである（中村治朗さんも同旨を説かれる。本書四頁）、事実認定につき平素から関心をもち、知識を広め、経験を深め、具体的事件では、資料を徹底的に検討し、絶えず間違いないよう努力するほかないとされる（前掲同書五二頁）が、深い共感を覚えるのである。

周知のとおり、法科大学院は、実務への架橋を目指し（平成一四年八月五日中教審答申2(5)）、事実認定教育に力を入れており、私が法科大学院で担当した模擬裁判科目は事実認定の訓練に最も適している科目だと思っているが、この科目の基礎的授業段階では、例年、田尾さんの前記論説を教材として学習をした。学生にとって得ることが大きかったと思う。

議論のあり方

田尾さんは、対話において、常に自らの考えを率直に語られ、それは先輩、学者等権威者に対しても変わりはない。丁重に礼儀正しく、静かな言葉遣いで、しかし内容的にかなりきついことを遠慮なく淡々と述べられるのである。「菊井＝村松」全訂打合せ会で、菊井先生に対し、礼を尽くしながらも、遠慮なく質問ないし意見の開陳をされるのをしばしば拝聴したし、また、上述のあの落合京太郎先生に対し、短歌についての感想も述べられた（田尾・前掲法曹五〇三号八頁）というのである。自己の見解と必ずしも一致しない法律上の見解に対しても、主張はいつも同様に冷静である（例えば「要件事実論について」曹時四四巻六号一八頁。この論文は、要件事実論を鳥瞰するものとして、法科大学院の民訴演習の授業で必読文献として学習した）。これらを拝聴、拝読して、討論における意見開陳のあり方とはかくあるべし、と教わったのである。

同様のことを、昭和四一年秋司法研修所の判事補研究会の際に体験をした。講師の横川敏雄さん（後札幌高裁長官）による刑事手続の諸問題に関する講演があり、研究員の質問が済んだ後、進行役をされていた浦辺衛教官（後熊本地裁所長）が質問をされた（お二人は裁判所でも著名な論客であった）。質問内容は、令状発付における裁判官の審査の程度に関するものであった。浦辺さんは、礼儀正しく、しかし遠慮せずに繰り返し鋭い質問をされ、横川さんも真剣に反論されるなど聞き応えあるものだった。終了後、研究員一同で、内容も充実していたが、質問におけるマナーも教わったな、と語り合ったのである。

ちなみに、横川さんと浦辺さんからは、いずれも刑事裁判官として、東京地裁の裁判官会議およびその終了後の懇親会で何度かお話を伺う機会があった。刑事部の同僚の話によると、横川さんは法哲学にも造詣があったようだが、「裁判官の倫理に関する自戒の言葉」（ジュリスト七〇〇号二〇七頁）で、「裁判官は絶えず自己の人間的未熟さを反省する必要がある」など、五つの自戒の薦めがあり教わることが多い。浦辺さんは、意志強固な、鋭い理論家として知られていたが、それとともに心優しい人として、裁判所の内外から強く尊敬されていた。これは、歌人としての浦辺さんのお人柄に通じるのかもしれない（浦辺『ある裁判官の回想記』日本評論社。同書の心打たれる短歌を何度も熟読したものである）。浦辺さんの陪席裁判官をしていた同期生によると、東京地裁刑事部では、「荒れる法廷」と言われる学生運動関連の刑事事件が多くの部に係属したが、浦辺裁判長は、審理拒否の学生被告人らを我慢強く説得して、ついに審理に参加させ、欠席判決をされなかったことで有名だったとのことだ。

菊井＝村松の全訂作業は、田尾座長という指導者を得たことで完遂できた、と言ってよいと思う。

◇

俊秀

菊井＝村松の全訂作業を担当された既述の**奈良次郎**さん（最高裁調査官、岡山家裁所長、筑波大学・日本大学法学部教授）、**上谷清**さん（司法研修所教官、最高裁民事局長、大阪高裁長官、司法試験委員長）、**小倉顕**さん（最高裁調査官、司法研修所教官、浦和地裁所長、日本公証人会会長、白鷗大学法科大学院教授）らの優れたお人柄、能力、識見（菊井先生は、この人たちを「村松さんが選ばれた俊秀」と言われる。前掲判タ六三〇号八一頁）については、すでに公知のことであるが、簡潔に付言をさせていただきたいと思う。

奈良次郎さんの卓越した人格、識見については裁判所部内で公知のところだが、私は、昭和五七年に札幌高裁で裁判長としてご指導をいただいた。気さくで率直なお人柄で、陪席が納得するまで時間を気にせず合議を尽くされた。仕事は緻密で速く、しかも単身赴任で仕事に打ち込まれたから、陪席裁判官の起案提出が待ち遠しかったようである。苦心して提出した起案はアッという間に詳細な添削のうえ返ってきて、いつも、もう少しゆっくり添削してもらえたら助かるのにと思ったものである。一年という短い期間だったが、上訴審とはどういうものかを教わり、何年分か凝縮したような張り合いある貴重な時間であった。奈良さんが着任されて間もなくのことである。本人訴訟で著名な控訴人本人に対し、奈良裁判長が、法廷でいくつかの釈明をした後、「いろいろ説明を聞いたが、この訴訟は見込みがないと思うから止めたら（訴の取下げ）どう?」と言われたのである。これは一波乱起きるかも、と緊張したのだが、本人は、「考えてみます。」と述べ、間もなく訴取下書を提出したのであった。思うに、控訴人は、初対面なのに会話を通じて、奈良裁判長が公平無私の人柄で、虚心に真摯に発言されている（正直言って、口調はやや乱暴だが）ことを直感で知ったのであろう。その後も、これに類することが時にあったが、同裁判長の法廷が紛糾したことはなかった。私には真似のできないことで、尊敬の念を新たにしたのである。着任されて初めての冬に、札幌市内の藻岩山スキー場に陪席裁判官一同でご一緒したことがある。そこで、思いがけず、奈良さんはリフトの頂上から下まで一気に滑降をされた。聞けば、小樽の天狗山スキー場で子どものころからスキーをされていたというのであって（天狗山スキー場のバッジテストの難しいのは近隣では有名だった）、仕事以外にも尊敬する材料が増えたのである。奈良さんは、仕事は速く厳しかったが、後進への思いやりが厚かった。平成一一年、奈良さんから、ご自分が勤務している大学法学部の「民訴法講座の後任に来ないか。よければ推薦してやる。半年ほど一緒に授業を担当してもよい。」と誘ってくださった。すでに白鷗大学法学部に行く先約があり、誠に残念ながらお断りしたのだが、奈良さんには不出来な起案を提出してご迷惑ばかりおかけしたのに、まったく気にせずに、ご厚志を示していただいたことに今でも深く感謝している。

昭和四三年秋の判事補研究会で、上谷清研修所教官に初めてお目にかかった。すでに、執務上で、上谷さんの書かれた「仮登記の担保的機能」という論説（共著、有信堂）を拝読しお名前は知っていた。懇談会で、上谷さんから、「競売申立債権に仮差押執行がされているときに、どこまで執行手続を進められるか、という決定を判例時報（四一四号四七頁）で読んだよ。」と言われ、細かい決定にまで目を通し記憶されているのに驚き、研修所教官とは凄いものだと驚嘆した記憶がある。昭和四六年秋に安岡勉強会（本書七二頁）の打上げ会で、上谷さんが余興に落語を披露された（確か大学で落語研に所属したと言われたように思う）。そのときも、実に詳細、丹念な記憶力に改めて尊敬の念を新たにしたのである。

平成一六年四月法科大学院制度がスタートした際、小倉顕さんは、大学からの強い懇請に応じ、後進指導のため、白鷗大学法科大学院の民訴法担当教授に就任してくださった。優れた人格、識見の持ち主として、裁判所部内では誰からも信頼と尊敬をされていたうえ、研修所教官もされ、教育者として最適任の人であった。学校では、土曜日も出勤するなど全力で学生の学習指導・教育に打ち込まれ、学生から強い尊敬を得ておられた。学生たちは、小倉さんから勉学についてはもちろん、さらに法律家としての生き方までも教わったのである。

法科大学院がスタートした平成一六年の一二月、上谷さんが司法試験委員長として、小規模法科大学院の視察のため白鷗大学法科大学院に来学された。小倉顕教授も加わられ、菊井＝村松の全訂打合せ会後初めてお目にかかり、お二人から法曹養成に関するお話をお伺いしたことが懐かしい。

◇

補筆者

村松先生は、菊井＝村松につき、共著者の菊井先生に謝意を表するとともに、「ドイツなどにあるように、この本を誰かが補筆して、その時代に即応したものにしてくれることを、若い人たちにお願いしたいと考えている」とされている（村松・判時四九〇号五頁）。平成八年改正前の民訴法については、上述のとおり補筆が実現した。同改正民訴法の関係では、田尾さんのご尽力により伊藤眞前東京大学教授ら六人の優れた学者、実務家が補筆を担当され、平成一四年四月に第Ⅰ巻が刊行されたのをはじめとして、平成二八年（二〇一六）に第Ⅶ巻の刊行をもって完結し、版を重ねている。村松先生のご意向が実現しつつあるのである。

良き補筆者を得て、きっと、「再び実務家の座右の書となろう」（倉田卓次・前掲判タ六三二号八〇頁）。

6　碩　学——松田二郎さん（最高裁判事）・鈴木忠一さん（司法研修所長）

二人の司法研修所長

司法研修所は、司法修習生の修習ならびに裁判官の研究および修養を行うため最高裁判所に設けられている（裁判法一四条）。私も司法修習生として教育を受け、裁判官任官後は回数が思い出せないほど多くの修養・研究の機会を与えてもらった。司法研修所は、いわば法曹育成の総本山ともいうべき存在だと思うが、研修所長、教官には優れた知識と人格を備えた人たちが就任されていた（本書一一五頁）。そのうち、ご指導いただいた松田二郎《まつだじろう》、鈴木忠一《すずきちゅういち》という二人の研修所長につき語らせていただきたいと思う。

松田二郎さんは、明治三三年（一九〇〇）七月三〇日生まれ、昭和二年裁判官任官、同二七年から同三三年まで司法研修所長、大阪高裁長官などを経て、同三九年に最高裁判事に就任されている。鈴木忠一さんは、明治三八年（一九〇五）九月二六日生まれ、昭和六年裁判官任官、水戸地家裁所長、最高裁人事局長などを経て、同三九年から同四五年まで司法研修所長に就任されている。

この二人の研修所長は、学者的裁判官として学会および法曹実務家に著名であり、またその裁判および学問に対する情熱と精進ぶりには、誰からも深い敬意が払われていた。お二人の学問的著作は多いが、代表的なものとして、松田二郎さんには『会社法概論』（岩波書店）、『会社更生法（新版）』（有斐閣）、「会社の社会的責任」（商事法務七一三号二二頁）を挙げることができる（田尾「松田二郎判事の遺稿」日報協会報四九号）。当時の私ども学生も、右の『会社法概論』中の有名な「社員権否認論」につき学習をしたし、また「会社の社会的責任」は強い説得力があり、企業人には必読の書であると言ってよいと思う。鈴木忠一さんは、『非訟事件の裁判の既判力』（弘文堂）、『非訟・家事事件の研究』（有斐閣）を刊行され、同様に学会、法曹実務家に高く評価され、多くの裁判官がこれを購入して学習した。

既述した田尾桃二さん（本書九四頁）は、多くの先輩のうち、村松俊夫さん、松田二郎さんおよび鈴木忠一さんの三人を深く尊敬されている（田尾「『経験』、『勘』などについての思い出」法曹四八八号、「落合京太郎歌集と松田二郎判事」法曹五〇三号。この三人を先生と呼称されている）。村松先生については詳述した（本書八六頁）ので、松田二郎さんと鈴木忠一さんにつき見ると、田尾さんは、司法研修所付判事補または同所教官として、二人の研修所長から親しく指導を受けられた。田尾さんによれば、両所長は昭和一三、四年ころに出会い、以来半世紀にわたり水魚の交わりを続けられた由で、松田さんの著作に鈴木さんは献身的に助力されたし、お二人には『条解株式会社法上、下』（弘文堂）の共著もある。

◇

(1)　松田二郎さん

学問への姿勢

田尾さんによれば、歌人落合京太郎さんでもある鈴木忠一さんは、松田さんの学問への姿勢につき、「孫引きせず原典を丹念に攻むる方法論我は驚きて教へられにき」と詠まれている。田尾さんは、鈴木さんによるこの歌を紹介しながら、松田さんにつき「先生は、生前、裁判と学問と信仰に生命がけで精進しておられた。闘いといえるような真剣な日々であった。……先生の学問の姿勢は厳しく、……必ず原典を究める原典主義を貫かれていた。それは原典にあたるという程度の軽いものではなく、『原典を丹念に攻むる方法』なのであり、微塵の誤魔化しもない徹底したものである。……原典の……書き込みを見ていると、松田先生の気迫と真剣さに鬼気のようなものすら感ずる。流石の鈴木先生も『我は驚きて教へられ』たのであろう。」と言われる（田尾・前掲法曹五〇三号五頁）。

プラグマティズムと松田さん

法の世界における所謂プラグマティズムに関連して、田尾さんは次のように説かれる。この思想は、実用主義、実利主義などと訳され、観念よりは事実を、ドグマよりは実際を、思弁よりは実践を大事にする思想であって、現実の行動としては試行錯誤の繰り返しを重視するのである。

米国では支配的思想で、裁判でも法学でもそれが浸透しているが、わが国でも、戦後、法学も裁判手続も米法の影響を強く受け、この考えが行きわたってきており、利益衡量の考えはその一つの方法だとされる（前記法曹四八八号二頁）。英米法に詳しい中村治朗さん（本書一二頁）もプラグマティズムにつき同旨を説いたうえで、英米の法律家の議論の奥に広大な知識と深い思考が潜んでいることを思い知らされるという経験をしばしばした、とされている（『裁判の世界を生きて』三七三頁）。

そのうえで、田尾さんは、このような思想傾向に対する批判もあるとし、批判者の一人として松田さんを挙げられる。松田さんは、若くしてドイツに留学し、学風はドイツ法を基礎とするもので、学問においては、個々の現象の底にある根本原理を探究すること、個々の法律論を包摂する一般的原理、原則、体系を構築することが最も大事だとされ、プラグマティズムは結局功利主義の一種で、便宜的に過ぎ、賛成できないとし、法律の世界における同思想の行過ぎに強い批判と懸念を持たれた、と述べられる（前掲法曹四八八号五頁）。

松田二郎さん

松田さんは、最高裁判事退官後間もなくの昭和四四年一〇月に、司法研修所で講演をされている（『最高裁判所より見た民事裁判(1)、(2)』判時六〇〇号三頁、六〇一号三頁）。その講演中で、松田さんは、権利濫用などを定める一般条項の適用は控え目にされるべきだとし、「一般条項への逃避」は「裁判官の思考力が弱まり、法的安定が失われる危険がある」とするドイツの法学者の見解を紹介し、わが国の下級審裁判所の一般条項適用についての控え目の態度は正当だとされている（同判時六〇〇号一二頁）。これらは、田尾さんの指摘される前記松田さんの考えと、おそらく共通性があるのであろう。また、利益衡量に関し、土地および非堅固建物の所有者が土地に抵当権を設定後、建物を取り壊して堅固建物を建築した場合に、抵当権者の利益を害しない特段の事情があるとして、堅固建物所有を目的とする法定地上権（民法三八八条）が成立するとした最高裁判決（昭和五二年一〇月一一日民集三一巻六号七八五頁）につき、石田喜久夫神戸大学教授が「利益衡量の重視は好ましい傾向といえるけれども、それと反比例的に理論構成を無視する傾向が近時の民法学には顕著にみられるかに思われる。本判決の一見気の利いたかにみえる論法が右の傾向に呼応するものであるならば、裁判所は……常識に富んだしろうとのみ最良の裁判官ということになろう。」と批判されている（判例評論二三五号一三一頁）のは、前記松田さんの考えに通じるものがあるように思われる。

プラグマティズムについての田尾さんの前記の説明は、この思想の長所ないし有用性を十分認めながらも、他方それが行過ぎにならぬよう松田さんの言葉を引用されているように、私には理解される。

松田さんから聞いた話

松田さんから、昭和三五年春、同年度採用の私ども司法修習生一同は講演を伺ったことがある。受験生として、松田さんが会社法の著名な権威者であることは知っていたし、理論家で強い説得力の持ち主だと聞いていた。当日は、松田さんが体験された法律上のさまざまな問題につき（前記の一般条項に関するお話も伺った）、修習生相手だからか、理論的だが、平易に、抑制的に真摯に語ってくださり、講話は一同に極めて好感を持って迎えられた。その後、上記昭和四四年一〇月の研修所での講演記録（前掲判時六〇〇号）を拝読し、私どもの講演時の雰囲気を懐かしく思い出したのである。私どもに対する講演の際に、松田さんは、「法律知識が十分でない者は本当の法律家とは言えない。だからひたすら勉強をせよ。」と述べられた。そのうえで、「勉強のために、給料の大部分は内外の法律書の購入に当てるべきだ。」と強調され、一同で驚いたことを記憶している。松田さんの残された内外の書籍は、鈴木忠一、田尾桃二、武藤春光、吉野衛（静岡家裁所長）さんらが整理されたようだが厖大だったようで（田尾・前掲法曹五〇三号五頁）、私どもに語られたことを自ら実践されていたことを知ったのである。

⑵　鈴木忠一さん

裁判官と歌人

鈴木忠一さんが高い法律的学識を備え、仕事と学問に対し強い情熱を持って精進され、誰からも深く尊敬されていたことは前述したが、それとともに、周知のように、鈴木さんは、短歌「アララギ」誌に関連する歌壇の著名な歌人である落合京太郎としても高い評価を得られていた（うかつにも、裁判所にいながら、長期間、鈴木さんが、著名な落合京太郎さんであるとは知らなかった)。同じアララギの歌人として知られる高野耕一さん(東京高裁部総括判事、本書七六頁)は、鈴木さんにとって「裁判」と「短歌」はその人生の両輪だ、として深く尊敬され(『裁判官の遍歴』関東図書一九五頁)、また倉田卓次さん(本書一六四頁)は「裁判と作歌、どちらのほうでも人に畏敬されている、そんな存在は司法部に二人とはないだろう」と言われる(『裁判官の戦後史』筑摩書房三四三頁)。落合京太郎さんの著作の一部として、『落合京太郎歌集』(石川書房)、『落合京太郎随想集』(法曹会)、『橡《とち》の並木——一裁判官の思い出』(日本評論社)を紹介させていただきたいと思う。歌人である鈴木さんの文章は、旧仮名遣いで、簡潔、的確な表現で、後進にとって文章表現の範であった。

広い学識

このように、歌人として視野を広げておられたからか、鈴木さんの学識は法律のみにとどまらず広大だった(前掲落合京太郎随想集末尾の著作目録参照)。それゆえ、裁判官は間口の広い学習をせよ、と言われる鈴木さんのお話(『季刊実務民事法三』一四三頁)は強い説得力を持っている。

鈴木さんの深い学識に関し一言するに、旧制高校出身の先輩裁判官たちはドイツ語などいわゆる第二外国語が堪能だったが、とりわけドイツ語、ドイツ法に精通されていた西村宏一さん(本書六三頁)から、「忠《ちゅう》さん(親しみをこめて鈴木忠一さんをこう呼称されていた)とドイツ法の議論をした際、詳細な研究ノートを示しながら、正確、丹念に説明してくださり、ドイツ語を含め、とても忠さんに自分は及ばないと思ったよ。」との謙遜した話を伺ったことがある。鈴木さんがドイツ語、ドイツ法の権威者であることは、裁判所内では異論のないことだったから、前記松田さんのドイツ法の勉強に対する鈴木さんの一句は、親しみを込めて詠まれたのであろう。

鈴木さんは、直接その言動に接する限り、淡々、平然として、大きな仕事を的確に処理されるように感じられるのだが、強い意志と情熱を伴っていたようだ。裁判官は、身分保障（憲法七八条）として、「その意思に反して……転所をされることはない」（転所の保障。裁判所法四八条）が、形式的に運用すると、裁判官間の公平に反したり、地域を問わず均質の裁判官の裁判を受けるという国民の平等の要請に抵触するおそれがあるとの指摘があったようだ。昭和二五年に最高裁人事局長に就任された鈴木さんは、同二七年に、まず直接判事補たちに対し「転所の公平負担」につき説得にあたり、その了解を取りつけられ、やがて裁判官全体の理解を得られたようだ。いつも淡々とした言動の鈴木さんが、国民と裁判官の公平という理想の実現のために、情熱を持って強い意志を貫かれたのだと思われる。

鈴木忠一さん

鈴木人事局長によるこの説得の会合に出席された当時判事補の倉田卓次さんは「信念を舌端からほとばしらせていた鈴木さんの風貌……を思い浮かべる」と、鈴木さんの気迫のほどを紹介されている（倉田・前掲書三四三頁）。それから一〇年後の昭和三七年の私どもの判事補任官時には、当時の人事局長から、上記の理由に加えて、判事補の一〇年間に、大、中、小規模各裁判所で経験を積む運用がされている旨の説明があり納得したことだった。これらの運用については、裁判所では異論を聞くことはない。

鈴木さんの発言

鈴木さんは、歌人でもあるからだろうか、文章に無駄な表現がないように、会話でも遠慮のない端的な鋭い発言をされる。昭和四五年の司法研修所の研究会に、鈴木研修所長も参加されたが、研究会の最終時に、司会者の教官から発言を求められたところ、鈴木所長は、「これまで聞いてきたが、教官室の見解は、右顧左眄《うこさべん》した最も愚劣な考えだと思う。その理由は……」と遠慮することなく意見を述べられ、研究員一同呆然としたことがあった。民事事件に精通している鈴木さんにとって、教官室の見解でも、是認できないのは是認できないのである。

昭和五三年、東京地裁で、私は大会社間の損害賠償請求事件を担当したことがある。かなり高額な請求で、当事者双方が高名な法学者による法律鑑定書を出すなど真剣に争った。その被告会社代理人として鈴木さんが就任されており、理論家の鈴木さんに相応しい事件だった。乏しい能力を最大限駆使して審理したのだが、私には、どうしても被告側が事実関係で不利に思われた。和解を勧告し、粘りに粘って、被告側大幅譲歩の裁判所和解案で和解が成立した。裁判官室における当事者に対する交互の折衝の席では、鈴木弁護士は「君の考えは間違っている。」などと発言され（ただし原告代理人同席の時は、「裁判官」と呼称してくださった）、しばしば裁判長と陪席裁判官の議論のような雰囲気になったが、めげずに率直に意見を述べて、結局理解を得たのである。鈴木さんは、裁判所の和解案を了承された際に、「君のしつこいのには閉口したよ。」と言われたが、事件の見通しについては鋭い見方をされる人だから、その言動から判断するに、心中では和解成立を喜んでおられたのだと思っている。

鈴木邸の訪問

倉田卓次さんも、前記近藤完爾さんとともに、村松俊夫さんおよび鈴木忠一さんに強く師事されていた。そこで、鈴木さんと倉田さんの関係につき一言させていただきたいと思う。昭和四八年の民事第一三部の忘年会は、鎌倉の共済組合の宿で、土曜の夜に行われた。その際、倉田裁判長から「逗子にある鈴木忠一さんのお宅が近いから、明日鈴木さんのご都合がよければ訪問しようと思う。一緒に行くか。」と誘っていただき、翌朝お供をした。逗子の鈴木さん邸は、静かな、やや小高い丘の上にあり（その模様は、田尾桃二『落合京太郎歌集における貧乏の歌』法曹五五九号六頁）、書斎の本棚の最上部までいっぱい書籍が詰まっていた。そこで、お二人は、法律の話はまったくなしで、古代の文学、歴史談義を楽しそうに展開されたのである。当時柿本人麿のことが話題になった梅原猛著『水底の歌』についても語られた。落合京太郎さんでもある鈴木さんがこの方面に詳しいのは当然だとしても、この大家に対して倉田さんがあれこれ質問し、遜色ない対話をされる（『続々裁判官の書斎』勁草書房二五九頁）のには驚いた。私には理解困難なことが多かったが、拝聴するだけでも楽しい雰囲気で、幅広い知識は生活を豊かにすると知ったのである。

やがて辞去する時刻になったとき、鈴木さんが「私も行こう。」と言って、服装を整えたうえで同行された。バス停まで送ってくださるものと考えていたら、バスに乗り込まれたので驚いていると、「明日新幹線で京都に出張する予定だったので、時間を早めた。東京駅まで一緒に行くよ。」と、淡々と言われたのである。そして、東京駅まで、お二人の間には、何事もなかったように先ほどの会話が続行されたのである。

氷川のおとずれ

思うに、鈴木さんは、自己を強く信じ、職務、学問に精進され、生き方は、虚飾を避けて簡素にし（鈴木さんは、格式ばったことは嫌いだから、生活は簡単にしたと言われる。季刊実務民事法二号七二頁）、平常心で、周囲を気にせず、人に対しては「来る者は拒まず、去る者は追わず」という雰囲気で、淡々とありのままの言動を貫かれたように感じられる（前述の高野耕一さんは「表面は非常に怖いんですが、内側に入れば大変優しい」との考えを紹介されるが、そうだと思う。前掲裁判官の遍歴一六七頁）。

ところで、鈴木さんは、巌本善治編『海舟座談』（岩波文庫）によって、赤坂氷川の海舟邸玄関の衝立に書かれていたという次の語録（同文庫中、「氷川のおとずれ」の章二七頁にこの語録の記述がある。僭越だが注記は筆者）を読み、「『ああ、是れなる哉』と思い……以来この語録をほとんど自分に授けられた信条としているのです」と語られる（前掲季刊実務民事法同頁）。

坦易（たんい）其心胸

真率（しんそつ。注、まじめ）其咲語（しょうご。注、笑いながら話す言葉、咲は笑の古字）

疎野其礼数（れいすう。注、身分相応の礼儀）

簡少其交遊

（鈴木さんは、右の語録につき、「其の心胸を坦易にし、其の咲（笑）語を真率にし、其の礼数を疎野にし、その交遊を簡少にせよ」と、注釈されている。前掲同所）。

◇

裁判官の研究と修養

二人の司法研修所長に関し記述をした機会に、裁判所の研究会について付言させてもらいたいと思う。これまで、前記のように、裁判所在職中、司法研修所で、随分多くの研究および修養（裁判所法一四条）に参加する機会を与えてもらった。私どもの判事補のころは、司法研修所で、任官一年目から三年目まで毎年（少年・令状、保全・執行事件関係）、五年目（特例判事補直前）、一〇年目（判事任官直前）の各研究会への参加は義務的であったが、司法研修所ではそのほかにもさまざまな研究会が開催されていた。また、司法研修所のほか裁判所で実施する研究会、会同も数多かった。現在も同様だと思うが、これらの研究会等の内容は極めて充実していて、裁判官にとって誠に有意義で、有難く思ったものである。

これら研究会に参加したときは、砲弾の硝煙がたちこめる最前線から作戦本部に呼び戻され、戦術を討議し、作戦を練り、新たな気持ちで戦線に立ち戻るような気がしたものである（もっとも、年齢的に軍事体験はなかったけれども）。研究会参加で、急に利口になることはないと思うが、内外の優れた講師に接し、先輩・同僚と同じ悩みを語ることから受ける刺激は、裁判官にとって何よりの成長の原動力となるように思えたのである。

司法研修所など研究会の実施部門には、ご苦労が多いのだろうが、今後とも充実させて、多くの裁判官が参加できるように配慮されるよう期待している。

7　包容力——小松正富さん（高松高裁長官）

小松正富さん

正々堂々

昭和三五年（一九六〇）四月、司法研修所で、新入司法修習生に対する授業が開始された。三一九人の修習生を七組に分け、各組ごとに民事・刑事裁判、検察、民事・刑事弁護の五科目について専任教官が指導を担当された。今考えると、いずれも屈指の実務家教官だった。どんな難問題でも、質問すると即座に的確な返事が返ってくるのに驚き、遠い将来のことだろうが、いつの日かこの先生たちの域に到達することができるのだろうか、と思ったものである。この担任の先生たちから、私どもは終生多くのご指導をいただいたのだが、その教官のお一人が刑事裁判科目担当の小松正富《こまつまさとみ》先生だった。

初めてお目にかかったときの小松先生の印象は、長身で堂々たる体躯と悠揚迫らない言動で、上野公園で見た銅像の西郷隆盛のような雰囲気の先生だなと思ったのだが、クラスの同僚の何人かも同じような感想を語っていた。

小松先生は、大正九年（一九二〇）三月一六日生まれ、昭和一八年裁判官任官、同三三年から同四〇年まで司法研修所教官、福島地裁所長などを経て、高松高裁長官に就任されている。

授業では、先生は、極めて細部まで目配りした緻密な話をされたが、常に、適正な手続の保障（憲法三一条）という刑事司法の原則を意識された骨太の講義だったと思う。

また、初心者である修習生のどんな質問も、いつも正面から受け止め、大きな包容力で、真面目に真剣に考え、丁寧な言葉で誠心対応してくださった。修習生のやや見当違いの発言に対しても、いつも「そうですね。そういう考えもありますが。」または「そういう考えもあるかもしれないが。」と、まず述べたうえで（私が稀にする質問に対しては、いつも後者の前置きだった）、少しのことも揺るがせにしない説明をされた。先生の講義を聞きながら、キャッチャーが構えるミットのど真ん中に、直球の剛速球を投げ込むような感じの論理だなと、しばしば思ったのである。たまたま、そのころ、同僚たちと、昼休みの散歩に出たところ、司法研修所（紀尾井町、本書二〇一頁）の通路脇空地で、先生がキャッチャー役の職員を相手に投球練習をされているのに出会った。同僚の説明によると、裁判所の春季対抗野球大会が近づいているので、研修所チームのピッチャーである先生が肩慣らしをされているとのことだった。先生は、そこで、実際に、音を立てる速球（周知のように新しいボールの速球は空気を切る音がする）のストライクを投げ込んでおられたのである。

また、先生は、外国人講師による講演の際に通訳をされることがあったが、私ども初学生にも理解しやすいように平易な表現を心がけてくださっていた。

今でも、あの教室や講堂の風景が懐かしい。

ポポロ劇団判決

修習開始後間もなくのことである。勉強家の一人が、「小松先生はあのポポロ劇団事件の第一審判決をされている。」といって、クラスの一同に同判決（東京地裁昭和二九年五月一一日判決）の掲載された判例時報（二六号三頁）を見せてくれた。周知のように、ポポロ劇団事件とは、昭和二八年二月夕刻、東京大学の教室内で、同大学公認の劇団ポポロによる演劇発表会が行われた際、そこに警備情報収集に立ち入っていた私服警察官を学生が見つけて騒然となり、暴力行為に及んだとする事件で、学生の一人が、暴力行為等処罰に関する法律違反で起訴された。その第一審である前記判決は、警察官の学内立ち入り行為を大学の自治に反する違法行為とし、これを阻止するための被告人の行為は大学の自治を守るための正当な行為の範囲内にあるから違法性がないとして無罪の判決をしたのである。そして、第二審判決（東高判昭和三一年五月八日判時七七号五頁）も一審判決を支持していた。私ども昭和三五年度研修所入所の修習生のほとんどは、かつての国民学校（小学校）の低学年で敗戦を迎え、戦時中の言論・表現の不自由、警察などのいわば当時の権力からの恐怖感を子どもなりに体験していた。そして、敗戦後は徹底したデモクラシー教育を受けた年代に当たる（例えば、高校で必修の一般社会科の教科書名が『民主主義』（上）・（下）だった。幻冬舎新書に一部復刻）。それゆえ、思想・信条・学問の自由の大切さを身にしみて痛感していたから、大学の憲法の学習では、ポポロ劇団事件について、率直に言って学生にやや行過ぎの感がないではないとしても、同判決の無罪の判断については、私どもの大方が共感していたといってよい（周知のように、その後、最判昭和三八年五月二二日刑集一七巻四号三七〇頁は第一、第二審判決を破棄し、事件を第一審に差し戻す判決をし、最終的に執行猶予付き有罪判決が確定している）。その第一審の無罪判決をした裁判官が授業を担当されているというのである。一同、改めて先生に対し尊敬の気持ちをもつとともに、裁判官の存在が急に身近に感じられたのであった。

そのこともあって、間もなく、クラス委員長が一同を取りまとめて、小松先生の横浜の官舎に大挙して押しかけた。同様に民事裁判、検察担当の先生方のお宅にも、大勢でお邪魔させていただいたが、先輩である先生たちの日常生活に接する機会を設けていただいたことは、何よりのご配慮でありがたいことだった。今思うと、先生および奥様には多大のご迷惑をおかけしたことが反省され、改めて、ご厚志に心からお礼を申し上げる次第である。

その後、修習中はもちろん、裁判官任官後も、研究会で同期生が集まったときには、相変わらず大勢で、小松先生のご転居先である松戸、赤羽、中野のご自宅にまでお邪魔し、ご迷惑をおかけしてしまった。

小松先生は、ご自宅でも、自ら積極的に多くを語られることはなかったが、いつも私ども修習生の会話にとけ込み、さまざまな発言に耳を傾け、真面目に率直に対応してくださった。先生のお話を伺っていると、「包容力」と、「正々堂々」の生き方とも言うべき心情が伝わってきて、自分まで心が広く、浄化されるような気がしたのである。あるとき、クラスの修習生で雑談していた際に、そのような感想を述べたところ、同僚の一人から、「それに加えて、先生は『至誠天に通ず』という言葉を心から信じておられるのだと思う。」との発言があった。これに対し、「むしろ、小松先生は、仮に天に通じなくとも、誠心誠意ベストを尽くす生き方をされるのではないか。」という意見が出て、大方の賛同を得たように思う。これらの意見を交わしながら、不肖な弟子たちが寄り集まり、尊敬する師のお考えをめぐって、あれこれ憶測して語り合っているような光景だな、と思ったものである。

◇

深い懐

昭和三五年八月から、一年四か月間、現地（京都）の弁護士会、検察庁および裁判所（三庁会）で指導を受ける実務修習が開始された。現地修習開始式が行われたのは、八月初旬の暑い日だった。京都御所の真ん前にある京都地裁会議室は、御所の鬱蒼とした大木からの蝉の鳴き声で、挨拶の声が聞こえないほどだったことが思い出される。

弁護士会、検察庁の順で研修を終わり、昭和三六年四月から、刑事裁判修習のため京都地裁の刑事第四部に配属された。指導官の部総括判事の岡田退一さんも、やはり堂々たる体躯のうえ、古武士のように謹厳な風貌の人で、事件処理を見ていると腹の据わった人柄の持ち主だと感じられた。仕事には厳しかったが、仕事以外では所属部の一同を可愛がってくださり、全員から強く慕われていた。修習時から数年後のことになるが、岡田さんの裁判官退官時に、同部配属の旧・現職員から、感謝の気持ちを込めて、惜別の退官祝賀文集（同刑事部編「マイペース」一九六七年刊）と、碁が大好きだった岡田さんに立派な碁盤が贈られた。

同部に着任した直後、配属された修習生（三人）に対し、岡田さんは、まず大阪高裁の判決正本を配付し、直ちに読むよう指示された。それは、第一審の京都地裁判決を破棄した判決であり、破棄事由は、第一審判決認定の犯行年月日として、判決日よりも将来の年月日が記載されていたのであった。おそらく、その経緯は、判決草稿か、タイプの作成段階における「年」に関する単純な誤記によるものであったに違いないと思われたのだが、岡田さんは、判決における単純ミスは、往々にして回復できない重大な結果を招来し、関係者にも迷惑をかける結果になるから、ミスは決して許されないことを教えられたのである。そのうえで、配属された修習生三人に対し、かなり厚い事件記録を示し「これについて合格できる判決起案を作成すれば、それだけで当部における刑事裁判の実務修習を卒業させてよい。」と言われた。それに応じ、私は、私文書偽造、行使、詐欺事件を選択し、随分苦労して判決起案を提出した。だが、間もなく原案が見えなくなるほど加削されて返ってきた。修習生三人とも、大同小異の起案で、残念だが卒業させてもらえなかった。岡田さんは「卒業どころか、全員、留年のおそれがあるな。」と、楽しそうに言い、留年防止のためだろうか、同部に配属の私ども修習生を厳しく指導されたのである。

岡田さんは、修習生をしばしば茨木市のご自宅に呼んでくださった。初めてお伺いしたときのことである。奥様を一同に紹介した後、「ぼくは、これまでにたった一つだけ良いことをした。それは、家内と結婚してやったことだ。」と言われたのである。一同びっくりしていると、奥様も困った顔をされていたが、しばらくして、「考えてみましたが、私も、主人と結婚してやり、一つだけ良いことをしましたよ。」と発言され、一同安堵したのである。あの謹厳な岡田さんが珍しく笑顔でそれを聞いておられるのを拝見し、よい雰囲気のご家庭だなと思ったものである。

実務修習の日程も四分の三近くが過ぎた同（昭和三六）年七月ころになると、そろそろ卒業後の進路が気になりだし、修習生同士でいろいろ意見交換するようになった。考えてみると、裁判所、検察庁、弁護士会でのそれまでの体験に照らすと、現実の問題として、裁判官の場合、①仕事がかなり多忙であること、②転勤が多いこと、③収入面で、弁護士と対比するとそれに及ばないことが難点に思われた。他方、裁判官の仕事は、他者に煩わされずに専念できるようで、何となく自分に合うように感じられることから、もし可能なら任官するのがよいかもしれないと考えるようになっていた。所属の刑事第四部で、岡田さんと修習生とが昼休みに雑談するような折に、前記のような感想を申し上げていた。ちなみに、京都配属の同期生二一人の卒業時における最終的進路は、裁判官一〇人、検察官五人、弁護士六人であった。

そのころ、刑事裁判修習修了間近に、修習生の見学旅行が計画されており、それによると、日程の一部に伊勢の自衛隊の駐屯地が含まれ、施設内見学、飛行機の試乗、昼食という予定であるとのことだった。専守防衛が大方の国民と学説に支持されるようになった現在では理解しにくい面があるかもしれないが、当時は、敗戦後十数年過ぎていたとはいえ、修習生の私どもが勉強した憲法学説では、自衛隊は憲法違反の存在だとするのが、ほぼ通説であり（例えば『註解日本国憲法上巻』二三三頁）、しかも私どもの修習開始の前年に、駐留米軍につき基本的に右と同様な見解に立った東京地裁判決（昭和三四年三月三〇日判時一八〇号二頁〈砂川判決〉。ただし最判同年一二月一六日刑集一三巻一三号三二二五頁で破棄差戻しされた）も出るなどの情況下にあった。しかも、敗戦直前に、本土防衛のためとして国内各地の学校に駐屯した当時の日本軍上官の横暴さを目にするなどしていた私ども修習生の年代の大半は、日本軍に対するアレルギーは極めて強かったと言ってよい。そのため、見学旅行に関し、大別して①施設に赴くこと自体が違憲の存在を是認することにならないか、②赴くことは実状を理解する点で意味があるとしても、便益（飛行機の同乗、昼食の提供）を受けるのはよくないのではないか、③違憲の問題と施設見学は別ではないか、という見解が修習生間に出て、何度か議論がされた。これらの討論を通じ、私には右の②の考えが正当であると思えたのである。指導官の岡田さんは、それらのことを聞き、「子どものような理屈を言わず、素直に参加して見学したらよい。実務庁とすると、これら行事参加の情況も研修所に報告せざるをえないのだが、そうすると、不利益を被り、後悔することになるおそれがないではない。」と言われたのである。岡田さんは、任官に関連して何らかの不利益が生ずるおそれを心配し指摘されたのであった。これを伺って、さらに考えてみたけれども、どうも確信犯のようになってしまい、考えを改める気持ちにならなかったのである。

そこで、いろいろ考えた末、近況報告の際に、その経過と自分の考えをまとめ、小松先生宛にお考えがあれば、教えていただけないか、と手紙でお願いしたのである。間もなく、先生からお返事が届いたが、そこには、起案の添削で見慣れた太い字で、「その程度のことで悩むとは心配のし過ぎだ。裁判所はそれほど懐が浅くないと認識してよい。そんなことにエネルギーと時間を割くのなら、その分を貴重な実務修習に振り向けるよう勧める。」という内容が書かれていた。その後、折にふれて、先生からのこのお手紙の文言を思い出したものである。

昭和三六年七月の見学旅行の当日における修習生の行動は、前記三様に分かれた。申しわけないと思いながらも、私は結局②の行動を取らせていただいた。引率者の岡田さんは、仕方ないやつだと考えられたと思うが、何も言われなかった。そして、指導の方は変わりなく厳しく行ってくださった。

同年一一月、実務修習地での修習が終わった。司法研修所の後期研修に参加するため、修習地を去る前日の夕刻、民事第四部の書記官室に、やっとできあがった手形事件の最後の判決起案(原因関係の判断に苦労し、今でも当事者の名前が記憶に残っている)を提出し、指導官である裁判長にお渡しするようにお願いした(当日同部は宅調日だった)。帰りがけに刑事第四部判事室の前を通ったところ、まだ明かりがついていて岡田さんが在室されているようだったので、最後のご挨拶をかねて立ち寄らせていただいた。岡田さんは帰宅されるところだったが、「途中まで一緒に行こう。」と言い、裁判所の並びの数軒先のおでん屋に連れて行ってくださった。前記退官祝賀文集にも書いたのだが、岡田さんは、そこで、「任官して京都に帰ってこい。嫁さんを探してやる。」と言われたのである。不出来な起案ばかり提出したうえ、ご指導にも素直に従わなかったのに、思いがけず温かく激励して、後期修習に送り出してくださったのである。数日後に始まる研修所の後期修習を控え、不安の気持ちで一杯だったから、岡田さんのこのご厚志にどんなに力付けられたかしれない。

◇

実務修習地について、さらに若干の付言をさせていただきたいと思う。

実務修習地である京都では、弁護士会、検察庁、裁判所の三庁会とも、修習生に親身に接してくださった。

弁護修習

弁護士会では、配属された弁護士事務所から、少年の刑事傷害被告事件の係属部である京都地裁刑事第二部に対し、修習生の特別弁護人許可申請をした（刑訴法三一条）ところ、思いがけず同部の岡垣久晃裁判長が許可してくださり、法廷で口頭の弁論をさせてもらい、しかも家庭裁判所に移送の裁判（少年法五五条）をしていただいた。また、弁護士会が、あの赤穂浪士の大石蔵之助で有名な祇園「一力」に修習生一同を招待してくださったが、田舎者の私には、得難い豪華で貴重な体験だった。

検察修習

検察庁では、岡原昌男さん（後最高裁長官）が検事正だったが、修習指導の責任者は南館《なんかん》陸奥夫《むつお》さん（総務部長）、直接の指導担当検事は福屋《ふくや》憲昭《のりあき》さん（昭和二八年検事任官）だった。係事務官の説明によると、南館さんは「西の南館、東の高木（著名な検察官で、当時研修所の検察教官をされていて私どもにも面識ある高木一さんのことだとの説明だった）」と評されている関西で屈指の人材だというのであり（誠に残念ながら早逝された）、福屋さんは、陸士出身で、南館さんの信頼が絶大で名コンビだとのことであった。福屋さんは、私どもより九年先輩に当たられたが、強い正義感の持ち主で、常に「正々堂々、大道を行け。」と私どもを指導された。被疑者に対しても、堂々、かつ公正に接して説得することにより真実を語る気持ちにさせるべきだとし、それには、送致記録を丹念に検討し準備するという当たり前のことの徹底が最も大事だ、とよく言われた。

最近はどうなっているかよく知らないが、当時、修習生による被疑者の取調修習はその人権保障の見地から見て問題が多いとの議論があった。私どもも、検察庁に配属直前に、打合せのうえいくつかの改善を要望した。福屋さんは、検察修習における取調べの体験は重要で不可欠だと考えておられたようだが、正義感の塊のような同氏は、従前の修習方法ではやはり相当ではない面もあると考えられたようで、私どもが配属されたときには、取調べの開始前から終了まで、実質的に見て、被疑者の人権保障に欠けることがないように、全庁あげて工夫されていたことが感じられた。お陰で、私ども修習生は違和感なく取調修習をすることができ、京都地検での取調修習の方法につき不満を述べた者はなく、全員が取調修習に参加した。

指導官の福屋さんの机を中心に修習生の席が配置された大部屋で、終業後に、いつも同指導官と一緒に、当日の取調べの反省と苦労話を主に、さまざまなことを語り合ったのだが、随分勉強になったし、学生時代に戻ったような雰囲気は得難い貴重な時間だったと思う。

当時、南館・福屋の両指導官のお人柄の影響で、京都修習の検察官志望者数が多くなっていると耳にしていたが、私ども同期の何人かから、同指導官を慕って検事任官したことを聞いている。ちなみに、上述のように京都修習の二一人中五人が検事に任官した（任官率約二四％）が、全国的には三一九人中四二人である（任官率約一三％）。

検察修習修了直前の昭和三六年三月下旬、修習生一同は、指導担当の南館さんと福屋さんの引率で、奈良方面に、日帰りの卒業旅行に連れて行っていただいた。藤原京の跡地の春霞の中で大和三山（畝傍、耳成、香具山）を望見したことが、今でも懐かしく思い出される。

家庭裁判所

裁判修習では、約二週間家庭裁判所での家事、少年修習の日程が組まれていた。家事事件修習の初日は、妻から申し立てた離婚調停事件の見学だった。その事案では、妻の父が娘の幸せを願って、家を新築して婿名義にしてやったのに、婿が不行跡だとして、離婚とともに家を妻名義にせよと求めていた。双方同席して発言していたところ、同席していた娘の父親が、婿の態度に立腹し、突然婿の顔面を平手打ちし、婿も反撃に出るという予想外の出来事が起こってしまった。お年寄りの調停委員に、「きみ、とめてくれ。」と言われ、修習生なのに事件に事実上の「関与」をすることになってしまった。間に入って何とか引き分けたのだが、安いワイシャツが見るも無残になってしまい、家事事件における関係者の感情対立の激しさを、身を持って修習したのである。

少年審判修習は、輪姦の加害少年三人に対する審判で、審理は別々に分け、裁判官は詳細な説明をしたうえで順次処分を告知されたが、少年たちはすでに覚悟していたようだった。最後に主犯格の少年に対し中等少年院への送致が宣告されたところ、同席していた母親が床に泣き崩れて少年院に送致をしないよう嘆願をした。これに対し、裁判官は、冷静に、かつ誠意をもって、時間を気にせずに説得を続けられ、結局母親も決定を受け入れたのである。それから一年足らずして、私自身も少年審判を担当することになったのだが、少年院送致決定をするときは、よくこの日の裁判官の冷静さと熱意を思い出して、範としたのである。その後昭和六〇年（一九八五）、横浜地家裁川崎支部で、支部長（後宮崎地家裁所長、大阪高裁部総括）が右の京都家裁裁判官であった旨を伺い、再会を喜んだのである。

次に、実務修習地における修習以外の若干の出来事につき、付言することをお許しいただきたい。

平場安治ゼミ

既述したように（本書八八頁）、昭和三四年一〇月、司法研修所（小石川分室、寮）で、司法試験の口述試験が実施された。受験生は食堂用の広い場所に全員待機し、順次係員の指示に従い、長い廊下に面した各面接室の入口に置かれた椅子に移動して、室内の試験官に呼ばれたら入室することになっていた。当日は、私は受験科目が刑事訴訟法だったが、面接の順番が最後だった。ところが、他の科目の面接は順調に進行して終了したのに、刑事訴訟法だけが面接に時間がかかって、日が暮れてしまい、廊下には電燈が点けられた。心細い雰囲気の中で、一人だけ廊下の椅子で待機した後、やっと面接室に入室の指示があった。やれやれと思って入室したところ、試験委員は、写真でお顔を知っていた平場安治京都大学教授と平野龍一東京大学教授という東西を代表する刑事法の論客の先生だったので、面接に時間がかかった理由が理解できるとともに、悲惨な結果を覚悟した。平場先生が主任で質問をされたが、長時間待機させて気の毒に思われたのだろうか、「大変お待たせした。」と笑顔で述べたうえで、伝聞証拠に関し、意外にも基本的な質問に終始され、平野先生も若干の補足的質問をされて、比較的短時間で解放してくださった。その翌年（昭和三五年）の秋、実務修習地の京都で、京都大学大学院出身の同期生が、平場安治教授の刑事法ゼミに誘ってくれて、思いがけず一年ぶりに平場先生にお目にかかることになった。ご挨拶の際に、一年前の電燈をつけた面接試験のことを申し上げたところ、先生も印象的だったようで記憶されており、「君があの日の最後の受験生か。」と言って、当夜と同じ笑顔で再会を喜んでくださったのである。鋭い理論家だが優しさも兼ね備えた同先生指導のゼミに参加できたことは、実務修習中の一年間だけだったけれども、極めて有益で（法学論叢七〇巻四号九〇頁）、機会を作ってくれた同期生とご指導くださった平場先生に心から感謝している。

河上肇先生

私どものころの実務修習地における住居は、裁判所から紹介してもらえた。私の場合、京都大学正門近くの吉田神社の大鳥居を少し下がったところ（吉田上大路）だったが、下宿から数メートルほど近くの向いのお住いで、上品なお母さんおよび娘さんと思われるお二人が、睦まじく会話をしながら、健康のためであろうか、時々庭の隅の畑の手入れをされていた。見ると表札には「河上」とあったが、下宿のおばさんの話によると、あの有名な河上肇京都大学教授のお宅で、前記女性は奥様とお嬢さんだということだった（後記河上肇『自叙伝』中に意志の強いお二人についての記述がある）。ちなみに、河上教授は、周知の末川博京都大学法学部教授の義兄であり、経済学者として著名だったが、研究を進めた結果マルクス経済学に到達された。当時にすれば、世に容れられないことが明らかに予測されるのに、学者的良心に忠実に研究を続けられて大学を追われ、さらに治安維持法違反で懲役五年の判決を受け入獄されたが、あの陰鬱な時代に、時流に抗して節を曲げなかった信念の人として、私どもの年代の者たちにとっては、偉大な尊敬すべき存在だった。河上さんは、敗戦の翌年にあたる昭和二一年に死去されている。早速有名な河上肇『自叙伝』（岩波文庫）を取り出して再読したのだが、河上さんは、昭和七年に次のように詠まれている（同『自叙伝』㈠三五三頁、㈡一九三頁）。

　辿りつき　振り返り見れば山河を
　　越えては越えて来つるものかな

◇

少年法

昭和三七年（一九六二）四月、司法研修所で、その年の判事補任官発令直前の七五人に対する研修が実施された。研修内容は、間もなく着任する配属先裁判所で、執務上直ちに必要となる逮捕状など令状発付の手続、保全（仮差押・仮処分）手続、少年審判など実務に直結する科目の学習を中心とするものであった（本書二五頁）。そのうち、少年審判は、最高裁家庭局から派遣された先輩裁判官の講師により行われたが、最高裁刊行の白表紙の『少年法概説』に基づく詳細な内容の講義であって、かなりきつかったけれども随分勉強になった。小松先生は同科目の研修の責任者であられたようだが、先生からすれば遥か後輩に当たる講師に対しても、丁重に、礼儀正しく接し、しばしば質問をされた。そのときは、ただそれをメモするのが精一杯だったが、後日少年事件の審判で悩んだときに読み返してみると、先生の質問は、講師の説明を補足するため、または実務遂行の際にしばしば生起する具体的問題について行われており、貴重な質問であることが理解できたのである。当然のことかもしれないが、先生は刑事法の裁判官として、少年法にも通じておられたのである。

一連の研修が修了した後、研修所で、壮行会を開いてくださった。その際、小松先生が、「ただ今から、少年法の補講を行う。」と言って、東京少年鑑別所に送致（観護措置）された少年を歌ったあの「練鑑（ねりかん）ブルース」を歌ってくださった。先生の歌を聞いたのは、後にも先にも、このときの一度だけの経験だが、目立つことを好まれない先生が、これから全国の各裁判所に赴く私たち後進の激励と健闘を祈念して、研修に関連する歌を披露して声援してくださったのである。小松先生は、なすべきすべてのことに、常に、真面目に全力投入されるのである。

少年院でした学習

右の研修から間もない昭和三七年（一九六二）四月から、私は新潟地・家裁で、刑事合議事件と少年事件を担当したのだが、翌昭和三八年夏に、私がその約一年前に神奈川県久里浜特別少年院へ送致した少年につき、「収容継続」に関する審判をするため、同少年院に出張した。

周知のように、少年院に送致した少年が二〇歳に達した後でも、退院が不適当なときは、例外的に少年院に収容を継続する審判をすることが可能である（少年院法一一条）。また、少年院は、初等、中等、特別、および医療の四種があり、特別少年院は、犯罪的傾向の進んだ者が収容される（同法二条）。

右特別少年院に出張した当日は、審理の結果収容継続の審判を行ったのだが、引き続き院長の案内で、院内見学をさせてもらった。その際、院長は、随所で少年に対し声をかけられたが、少年たちはいずれもそれが実に嬉しい様子で、良き子弟関係にあることが感じられた。院内見学後、院長が「午後は、恒例の院生全員参加の『西瓜割り大会』を開くので、参加しませんか。」と誘ってくださったので、甘えさせてもらった（少年院のある三浦海岸地方は西瓜の名産地だった）。その行事は、院生全員の声援、拍手、歓声一色の和気あいあいの楽しい大会であって、訪問者で臨時参加の私の西瓜割りにも、院生は声援と拍手を送ってくれたのである。

それから、さらに約一年後に、再度同少年院に別件の収容継続審判のため出張することになった。同院では、すでに少年院長は交替されており、審判後に院内見学をさせてもらったが、その雰囲気は前年に比べて一変していたのが感じられた。帰途の電車の中で、同行した家庭裁判所調査官にそれを尋ねたところ、同人も同様に感じたので、「面識のあった同少年院の教官に質問したところ、『所長の交替が影響していると思う。』とのことでした。」と言うのである。組織においては、その責任者の影響力の大きいことを目の当たりに知り、良い学習をさせてもらったと思うとともに、お会いした前少年院長の温顔を思い起こしたのである。

◇

高価な和菓子

昭和四九年三月、私は法務省・東京法務局に出向を命ぜられた。当分お目にかかれなくなるので、東京地裁刑事所長代行に就任されていた小松先生にご挨拶のため伺った。ご不在だったが、間もなく先生から電話があり、「せっかく来るなら、私の法廷を傍聴したらどうか。」と言ってくださった。当時、刑事所長代行は刑事交通部の部総括も兼務されていたようだ。先生の法廷の傍聴は初めてだったので、得難い勉強の機会だと思い、指定された日時に刑事交通部の法廷に行き、刑事裁判手続を十数年ぶりに傍聴させていただいた。事案は、小松先生の単独担当事件で、業務上過失致死・救護義務違反（轢き逃げ）被告事件で、被告人は会社員である中年男性、被害者は高齢の女性で、強制保険を含め損害賠償は済んでいた。すでに、被告人質問を含め証拠調べ、論告・求刑は前回期日までに終了しており、当日は弁護人の弁論をして、暫時の休憩の後に判決の言渡しまでが行われたが、実刑判決であった。その審理における被告人の最終陳述（刑訴規則二一一条）、判決後の訓戒（同二二一条）において、先生はいつものように丁寧な言葉で語りかけられ、被告人は小松先生に全幅の信頼を寄せており、強い反省とともに、判決の結論に従う気持ちでいることが言葉の端々から感じられた。これらを見聞し、改めて先生のいわば全人格からくる他人に対する影響力に敬服し、良い修習をさせてもらったと感謝したのである。

審理が終わり、所長代行室に参上したところ、先生は鞄を開き、がさがさ音を立てながら紙包みを取り出された。そして「家内に頼んでお菓子をもらってきた。」と言いながら、大きな手で紙包みを開き、綺麗で高価な和菓子を分けてくださった。法廷傍聴の勧めも、壊れやすい和菓子を通勤時に苦労してお持ちいただいたことも、先生にとっては、生徒の成長のための助言と激励のお気持ちの表れだったと思われ、良い先生に出会えた幸福感に包まれたのである。

我らが師

思うに、小松先生は、博学であるとともに、広い包容力で、すべてのことを常にありのままに正面から受け止め、正々堂々、かつ真摯に取り組まれる人柄の持ち主であって、傑出した裁判官のお一人であると思う。田尾桃二さん（元仙台高裁長官。本書九四頁）は、服部高顕さん（元最高裁長官）と中村治朗さん（元最高裁判事）のお二人について、「人間としての根源的な徳性」である「学を尚び」「誠実、真摯、謙虚な人柄であり、後輩に対しても丁重であった」として、深く尊敬されている（田尾「アメリカ法と二人の裁判官」日法協会報五八号一九頁、三一頁）。服部さんは東京地裁民事所長代行として（本書三〇頁）、中村さんは裁判長として（本書二一頁）、私もご指導をいただき、田尾さんのお二人に対する説明は正鵠を射ていると思う。そして、これまで見てきた小松先生も、田尾さんの説かれる右の徳性を備えた人であることは間違いない。実務家としてのスタートに際し、小松先生に出会えたことは誠に幸せであったと心から感謝している。

8　強靭な精神力――小林健治さん（東京高裁部総括）・吉田久さん（大審院判事）

(1)　小林健治さん

沈着・冷静

刑事裁判官として、強靭な精神力を備えた尊敬すべき人物について、さらに述べさせてもらいたいと思う。

平成元年七月、私は国会の裁判官訴追委員会（以下、「訴追委員会」という）事務局に出向を命ぜられたのだが、そこには、昭和三三年（一九五八）一二月から同三六年一一月までの三年間、第三代事務局長として刑事裁判官出身の小林健治《こばやしけんじ》さんが就任されていた。

小林健治さん

小林さんは、明治三四年（一九〇一）九月一八日生まれ、昭和五年裁判官任官、東京地裁裁判官（昭和一八年当時予審判事）、札幌地裁所長、訴追委員会事務局長などを経て、東京高裁部総括判事に就任されている。

訴追委員会生え抜きの職員の説明によると、小林さんは、風貌も人柄も昔の武士のような人で、国会では予想外の出来事がしばしば生ずるが、腹が据わっていて、いかなる場合でも動ずることなく対処されたとして、職員から強い信頼が寄せられていた。そして、職員研修の機会に、小林さんから、いわゆる中野正剛事件について、その詳細を聞き、その強い精神力に尊敬の念を深くしたと言うのである。

小林さんは、昭和四一年当時東京高裁刑事部の裁判長をされており、そのころ私も東京地裁民事部に在勤していたので、同じ建物（本書二三九頁参照）内にいたことになるのだが、地方裁判所民事部で、しかも任官五年目の未特例判事補である私には、お目にかかる機会はなかった。だが、前記のように、訴追委員会において、何年か前に、小林さんが同様の内容の仕事を担当され、優れたたくさんの先例的業績を残してくださっていて、これにより多くのご指導を受けることができた。また、訴追委員会の議事録の記載によると、訴追請求事案の審査において、国会議員である訴追委員に対し、論理的で冷静な発言を粘り強く展開されていて、確かに腹の据わった人柄であることが感じられたのである。そして、小林さんが訴追委員会に寄贈されたという中野正剛事件の体験を記述された文献（小林「ある元裁判官の想い出」(上)法曹二〇三号二九頁、同(下)法曹二〇四号五三頁。以下、単に(上)または(下)として引用する）を拝読するとともに、職員が小林さんから直接伺ったという同事件の具体的な内容を聞いて考えてみると、同事件について対処された小林さんの強い精神力と沈着・冷静な判断に、深い尊敬の念を抱くのである。

◇

中野正剛事件

いわゆる中野正剛事件と言われるものは、私の年代より前の人たちには周知のことのようだが、日米戦争中の昭和一八年（一九四三）一〇月二五日前後における中野正剛衆議院議員に対する勾留請求をめぐる出来事のことである。実際にこの事件処理を担当された小林健治さんによると、その概要は以下のとおりである（(上)二九頁、(下)五三頁）。

中野正剛という人物は、明治一九年（一八八六）生まれ、東京日日新聞、朝日新聞の記者出身で、大正九年に、郷里の福岡から衆議院議員選挙に当選し、以来、昭和一七年四月のいわゆる翼賛選挙に非推薦で当選したことを含め、連続八回当選し、逓信次官もやった実行力もある著名な右翼政治家であった。達意で説得的な文章を書き、雄弁で巧みな演説家であり、入場料をとって政談演説会を開くことができた極めて数少ない政治家の一人であった。その演説を聴こうとする人々が日比谷公会堂をとり巻いていたことを、小林さんは記憶しているとされ、「その識見、雄弁、健筆の故に、彼の行くところ、必ず風雲を捲き起こしている、剃刀のようなしかも実行力のあった政治家だった」と言われる（(上)三二頁）。そして、中野正剛は、「聖戦」（大東亜戦争）の完遂論者であって、東条首相では駄目だから、東条内閣を倒し、より強力な内閣を作らないとこの戦争は、じり貧で負けるなどの思いから、時の首相である東条批判を含む発言を行い、同首相に強く嫌われていたようだ。

当時の日本の内外の情勢は、昭和一六年一〇月東条内閣が成立し、同年一二月八日日米開戦となったが、翌年の昭和一七年六月のミッドウェー海戦の大敗を契機に、ガダルカナルの海戦等で日本は敗北を重ね、昭和一八年にはアッツ島の全滅（本書五二頁）、さらに日本近海に米国の潜水艦が現れるなど、敗色が濃くなりつつあった（筆者は、日米開戦の年に国民学校〈小学校〉に入学し、朝礼時における校長先生の戦況の講話に一喜一憂したものである）。

東条内閣は、昭和一六年一二月の第七九回帝国議会に戦時刑事特別法案を提出して成立させ（昭和一七年法律六四号）、同一八年の第八一回帝国議会で同法に七条の三（戦時に際し国政を紊乱することを目的として……治安を害すへき罪の実行に関し協議を為し又はその実行を煽動したる者は七年以下の懲役又は禁固に処す。同年法律第五八号）を創設するなど治安強化に力を入れ、国内はいわば戦争遂行体制一色になり、批判的言動は許されない情勢になっていた。

同（昭和一八）年一〇月二五日に第八三回帝国議会が召集され、翌二六日に開院式が行われる日程になっていたところ、その直前の同月二一日、東条内閣は、同内閣を強く批判している衆議院議員中野正剛らいわゆる右翼団体の百数十人を、前記の戦時刑事特別法違反として全国的に一斉検挙した。

小林健治さんによると（(上)三〇頁、三三頁）、当時の旧刑訴法（大正一一年法律第七五号）およびその運用として、逮捕状という司法的抑制の制度はなく、被疑者の身体の拘束（検挙）は、次の二つの方法で行われた。その一は、行政執行法（明治三三年法律第八四号）に基づく行政庁の一方的判断で身柄の拘束をする方法（行政検束）である。すなわち、同法は「当該行政官庁は……救護を要すと認むる者に対し必要なる検束を加へ……（る）ことを得……公安を害するの虞ある者に対し之を予防する為必要なるとき亦同し（一条一項）」と規定していたが、これで身体の拘束をし、捜査を行っていたのである。その二は違警罪即決例（明治一八年太政官布告第三一号）に基づく警察官の一方的認定で身柄拘束する方法である。すなわち、同法は「警察署長……又は其の代理たる官吏はその管轄地内に於いて犯したる違警罪を即決すへし（一条）」とし、警察犯処罰令は「一定の住居又は生業なくして諸方に徘徊する者……」は「三〇日未満の拘留に処す（一条）」と規定していた。警察は、右のいずれかの法律により、犯人と目された者の身柄を拘束し、取調べを行ったのである。

ただ、旧刑訴法二五五条には、起訴前の強制処分として、「検察官……は……公訴の提起前と雖……被疑者の勾留……の処分を……予審判事……に請求することを得」の定めがあったが、小林さんによると、容疑が相当固まった起訴寸前でなければ、この勾留請求をしないのが当時の運用の実状であった。

中野正剛らの前記一〇月二一日の検挙は、右一の行政執行法に基づく行政検束として行われたものである（(上)三四頁）。だが、行政検束の場合、その「検束は翌日の日没後に至ることを得す」（同法一条二項）と規制されていたのだから、中野正剛は、翌日の二二日の日没までには釈放されなければならないのに、警察はその規定を無視して違法な拘束を長期間続けたのである。小林さんによれば、右のように行政検束は、二四時間は拘束できるというに過ぎないのに、事実上「無限の二四時間になっていた」とされ、裁判所が関知することのない拘束、取調べが長期間行われていたとされている

（(上)三三頁）。

ところで、前記のように同月（一〇月）二五日には第八三回帝国議会が招集され、二六日には開院式が行われる予定になっていたところ、招集日の一〇月二五日午後四時ごろ、東京刑事地方裁判所（以下「刑事」を省略）検事局検事正から東京地裁に、「代議士の中野正剛を不敬罪で、起訴前の強制処分としての勾留（旧刑訴法二五五条）をしてほしい。明日開院式が行われるから、今夜中に勾留しないとまずい」との事前連絡があった。その当夜の担当予審判事が小林健治さんであった。

予審という制度は、いわゆる大陸法系の刑事手続を継受した旧刑事訴訟で採られていたもので、検事が起訴（予審請求）した刑事事件につき、予審判事が、事件を公判に付するか否かを決するとともに、証拠を収集保全する職責を有していた（旧刑訴法二九五条）。それゆえ、予審判事は判事経験の豊富な人が任命されていたとされる。なお、周知のように英米法系に基礎を置く、現行刑訴法ではこの予審制は採用されていない。

前記公訴提起前の勾留請求の予告を受けた小林さんは、このような請求がされるに至った事由につき、内閣では、前記一〇月二一日に中野正剛代議士を行政検束したものの、行政検束のまま議会に出席させないと、非難を受けて議会が乗り切れないおそれがあるから、司法処分として合法的に拘束し議会に出さないようにすべきだとの意見が、議会招集日前日の二四日に内閣に出て、翌二五日の公訴提起前の強制処分としての勾留請求に至ったようだとされているが、この推測は正しい。

機密記録

昭和一八年一〇月二四日夜、東条首相主宰のもと、実際に右の問題が討議されているのである（伊藤栄樹『人は死ねばゴミになる』新潮社七四頁以下）。伊藤栄樹元検事総長（昭和二四年検事任官、法務事務次官を経て検事総長）によれば、同書に引用されている文書は、「東条内閣総理大臣機密記録〔その三〕」という標題の同総理大臣の動静日記であり、秘書官が記した貴重な全文墨書きの記録であって、伊藤さんが、法務事務次官当時、記録の原本を目にし、中野正剛事件に関する部分をコピーしたものだとされる。ここに、その肝要部分を記述し引用させていただきたいと思う（片仮名書きを平仮名に改めた。この機密記録に関する記述中の（　）書部分は筆者）。なお、余談だが、同氏によると、原記録の日記のほとんどに、一度使った用紙の裏が使われていたのが印象的だったとされるが、当時の物資の窮乏が内閣総理大臣に関する記録の用紙にまで及んでいたことがうかがわれ、敗戦は時間の問題だったのかも、と暗澹たる気持ちになるのである。

東条内閣総理大臣機密記録〔その三〕

（日時）昭和十八年十月二十四日〔日〕

二一（時）三〇（分）～二三（時）三〇（分）迄

（参会者）東条首相、内務大臣……、司法大臣岩村通世、国務大臣大麻唯男、書記官長……、法制局長官……、警視総監……、警保局長……、刑事局長……、検事総長松阪広政、東京憲兵隊長四方

諒二（計一一人。氏名の大半を省略）

（議題）極秘　中野一派に対する処置に関する件

（経過の概要）総理、中野一派の問題に付て政府の態度をはっきりさせたいと思ふ。議会も明日より開かる。此の際はっきり処置したい。……足並みをみだすものは断乎処置することを必要とする。……敗戦の原因の一は国内の足並の乱れることなり。今回中野一派の行為は許すべからざるものあり……。

……

松阪総長、……議会中議員を行政検束をやるのは憲法上精神的には間違って居ると思ふ。……議会開期中行政検束をやって反対党を抑へる先例となる虞大なり。……合法的検束は出来ぬを以って議会中は一応出したらよいと思ふ。……

……

保護検束は二四時間以内、元来行政検束は一時的のものたり。……

……

総理、……行政検束は不可ならんと思ふ。

……

……検事の検束をやって貰へぬか。……

法相、予審判事の検束をやる以外に方法はない。……

松阪総長、総理の考へは、よくわかる。然し、法律上、之は仲々容易には出来ぬ。

……

許して出したらいけぬか。

総理、それは出来ぬ。

……

松阪総長、行政検束はこの際妥当ならず。強制検束は出来ぬと言ふことが実を申し上げると全部の意見なのである。

総理、私としての希望は検事から令状をだして貰ひ度と思ふ。それが為準備を充分やってくれ。尚本日は結論に達せぬが至急研究善処を望む。

（日時）十月二十五日〔月〕

一七（時）一〇（分）～一七（時）五〇（分）

一八（時）四五（分）～一九（時）二〇（分）

（出席者）東条首相、大麻国務大臣、書記官長

（議題）中野問題

（経過の概要）……中野は絶対に登院せざることを誓ふ。

午後六時頃憲兵隊より検事局に中野に関する資料を提出す。

……中野は強制検束を行ふの見地で爾後処置を進むることに、総理、書記官長、大麻国務相等に於て決定す。

午後九時頃起訴成立する見込立ち、検事より予審判事に資料を送付す。

……午後十一時三十分中野に対する強制処分の手続を執ることは困難なりとの判定立ち予審判事より通告あり依て司法大臣は書記官長と会見事情を説明す。二十六日午前一時三十分に及べり。

（日時）十月二十六日

（経過の概要）午前五時、四方憲兵大佐、青木警視庁官房主事、永岡警視庁特高部長来訪五時三十分赤松秘書官委細を総理に報告す。

総理は、直に、大麻国務大臣、書記官長、内務大臣、司法大臣、警保局長、警視総監を招致し両人（中野正剛及び三田村武夫）を釈放するに決し処置す午前八時なり。

中野正剛氏自殺す

中野、三田村釈放の件別紙参照（機密記録中にこの別紙の引用は無い。前掲書籍中に、伊藤氏は「コピーの全文を掲げ」る、としているから、この部分のコピーはされなかったのだろう）

（以上の記録によると、予審判事による勾留を求める東条首相の発言に対し、松阪検事総長が、その発令が〈証拠資料から見て〉困難であろうことを説き、二四日夜は結論に至らず会議が続行されている。当時の非常事態とも言うべき時期に、しかも絶対的権力者とされた東条首相に対し、前記の発言をした検事総長の姿勢は評価してよいだろう。ただし、前記のとおり、翌二五日、首相の決断に従い、検事から予審判事に勾留請求するに至っている）

勾留請求の審査

このような前記一〇月二四、二五日の経緯の後、結局検事局は東京地裁に対し、旧刑訴法二五五条による公訴提起前の強制処分としての勾留請求を行うことに決し、上述のように、議会の招集日である同月二五日夕刻、検事正から東京地裁に、「代議士の中野正剛を不敬罪で起訴前の強制処分として勾留してほしい。明日開院式が行われるから、今夜中に勾留しないとまずい」という趣旨の事前連絡を行い、その後同夜、「東京刑事地方裁判所検事局検事中村登音夫」名で、中野正剛につき、陸・海軍刑法違反被疑事件として勾留請求がされた（(上)四〇頁）。

検事正から前記勾留請求の事前連絡を受けた東京地裁予審判事の小林さんは、直ちにその請求の是非につき検討を開始したが、その勾留請求はいくつかの難題を含んでいた。

まず、① 旧憲法でも、議員の不逮捕特権は保障されていた（両議院の議員は現行犯罪又は内乱外患に関る罪を除く外会期中其の院の許諾なくして逮捕せらるることなし。同法五三条）。だが、不逮捕特権が認められる右「会期」とは、いつから開始するのか（起算日）については規定がなく、勾留請求の連絡があった一〇月二五日は、議会の招集日であるが、この招集当日が会期に入るか否かが明確ではなかった（現在は召集の当日から起算するとされている。国会法一四条）。小林さんは、担当の本間武書記官とともに、裁判所図書館および司法省資料室にある憲法の文献につき調査したが、通説は議会招集日（二五日）は会期に入らないとしており、検事局もこの通説に依拠し（前記検事正の「明日開院式が行われるから、今夜中に勾留しないとまずい」という発言はこれを意味している）、招集当日に請求したのである。だが、小林さんは、勅諭により議会に集まるよう指示された期日である召集日（議員は召集の勅諭に指定したる期日に於いて各議院の会堂に集会すべし。旧議院法二条、現国会法五条）に、招集に応じて出席したのに、身柄拘束が可能となりうる通説の見解は便宜的で、行政権、司法権の濫用から議員の言論の自由を確保しようとする制度の趣旨に反するのではないか、との疑念が払拭できなかった。そこで、小林さんは、さらに文献を調査したところ、「会期中とは、召集の後閉会前を謂ふ」との少数説（伊藤博文『憲法義解』岩波書店八二頁。宮沢俊義東大教授が校注）を見出したというのである（(上)三五頁）。

② 次に、検事正からの裁判所への前記事前連絡によると、勾留すべき罪名は「不敬罪」（刑法七四条。昭和二二年法律一二四号で削除）だというものであった。当時、天皇は神格化された存在で、天皇に対する国民感情は、論理を超えた信仰的とも言うべきものになっており（小林さん自身も、「そういった心持にあった一人だった」と言われる。(上)三五頁）、天皇を誹謗し、国民総結集を乱す奴は斬らねばならないという空気が世に満ちていた。そして、すでに治安維持法改正に反対した生物学者の山本宣治労農党代議士が右翼に刺殺されるなどの先例があったし（修習生時代に見た「山宣（やません）一人孤塁を守る……」と演説する伝記映画が評判だった）、昭和一七年四月には、六十数年間代議士をした著名な

尾崎行雄（咢堂）でも発言が不敬罪に当たるとして起訴されていた（最終的に無罪）。このような国民感情のもとにおいて、被疑事実が不敬罪とされる被疑者に対する勾留請求を認めないとすれば、国民感情に反し、社会を混乱させることにならないか、小林さんは、深刻に思い悩んだとされている。そのうえで、国民感情を無視した法解釈はありえないとしても、不敬罪に触れる言動があれば即刻勾留すべきだというのは、不敬罪を特別扱いする感情的解釈であり許されない、との考えに次第に傾いていったと言われる（(上)三六頁）。

ただし、前記のように検事正からの勾留請求の予告では、勾留の被疑事実は不敬罪だとのことだったが、夜半の正規の勾留請求書では、前記のように陸、海軍刑法違反、造言飛語の被疑事実になっていた。だが、前記のように天皇を誹謗し、また国民総結集を乱す奴は斬らねばならないという当時の国民的信仰ないし国民感情は、前記両被疑事実ともに共通であったと言ってよい。

③　さらに、小林さんによれば、前記旧刑訴法二五五条の勾留請求に関する解釈として、裁判官には、その請求の内容、必要性について判定権がなく、形式的違法がない限り勾留請求を却下できないとするのが当時の通説的解釈であり、取扱いであって、小林さんも、かつて公訴提起前の勾留請求を却下した先例を知らないと言われる（(上)三七頁）。だが、すでに見たように、旧憲法でも議員の会期中逮捕には院の「許諾」が必要なのだから（旧憲法五三条）、許諾のない勾留は違法だと考えられた。しかし、さらに進んで、許諾請求権者が誰であるかについては、明文はなく、また当日文献に当たってもこれに関する学説を見出せなかった。許諾請求権者は、勾留請求した検事か、むしろ請求を受けた予

審判事である自分かもしれない、と悩んだうえ、公訴提起前の勾留請求においては、請求者である検事が許諾請求者だと考えるほかない、との解釈になっていった（現在は、裁判所または裁判官から内閣に要求書を出し、内閣から院に許諾請求することになっている。国会法三四条）。

そこで、小林さんは、まず中野正剛が衆議院議員であること、および当日（二五日）議会が召集され、翌日開院式が行われることを衆議院事務局に電話確認した。さらに検事局検事に、衆議院に許諾請求の手続きを執っていないことも同様に確認した。

同夜の九時三〇分、検事からの勾留請求書が提出され、小林さんは、担当書記官と二人で、令状請求者である司法省・検事局の論客揃いの大勢の担当検事と直接議論を交わしたが、極めて緊迫した雰囲気であったようだ。検事から、「会期というのは明日から始まるのは当たり前じゃないか、そういう考えじゃあ困る。」「この時局にそんな無茶な憲法解釈では……責任問題が起きますよ。」というような強硬な発言が交々あり、この議論は午後一一時過ぎまで続いた。小林さんは「相当凄惨な雰囲気」だったと言われる（(上)三九頁）。これらの議論を経た後に、小林さんは、結局勾留請求を却下するほかないと決断した。その理由は、上述のように、両議院の議員は会期中所属議院の許諾なくして逮捕されることはない（旧憲法五三条）ところ、ここに、会期中とはすでに見たように招集日である二五日を含むと解すべきだし、逮捕とは広く公権力による身体の拘束を意味し勾留も含むと解されるが、中野正剛に対する当夜の勾留請求については、衆議院による逮捕許諾が得られていない不適法なものであって、勾留の理由（注、住居不定、罪証隠滅、逃亡の虞。旧刑訴法八七条、九〇条参照）につき判断するまでもなく、却下を免れないというものである。小林さんは、その旨を検事たちに直接告知し、かつ中野正剛を即時釈放してほしいと発言された。そして、同日中ぎりぎりの午後一一時五〇分に、検事局に対し、文書で勾留請求却下を通知した。

自刃

小林さんによると、担当検事は、勾留却下命令に従い同夜直ちに中野正剛の釈放手続をしたようだ(〔下〕五六頁)。また、上述のように、一〇月二六日早朝、東条首相に対し、右勾留却下の事実が報告され、午前八時同首相は直ちに釈放を決している(前掲「東条内閣総理大臣機密記録」一〇月二六日の記述部分)。しかし、それにも拘わらず、警察、憲兵隊は内部で盥回しをして、直ちには帰宅させずに中野正剛の身柄拘束を続け、ようやく開院式当日である翌二六日午後二時過ぎに帰宅させたものの、議会に出席しないよう中野の自宅の隣室に憲兵二人を護衛につけて監視を続けた。小林さんによると、予審判事の勾留請求却下、およびすぐにも帰宅させろと言ったことは、被疑者中野正剛に伝えなかったようだとされる(〔下〕五七頁)。

同日(二六日)午後一二時ころに至って、中野正剛は「魂魄躍動皇国を護る」という遺書を残し、日本刀で左頸動脈を切断して自殺した。

苦悩

◇

以上のように、小林さんは、中野正剛に対する公訴提起前の勾留請求事件の処理にあたり、まず、議員の不逮捕特権に関する会期の解釈などにつき、文献も少ないうえ、これに関する通説についても、制度の趣旨から考えて必ずしも納得できず、随分悩まれたようだ。だが、考えてみると、このようなことは、裁判所の事件処理においてはしばしばありうることであって、格別異とするには足りないと言ってよい。

① しかしながら、すでに見たように、当時の社会情勢は、いわゆる聖戦遂行の最中であり、しかも戦況は次第に不利となっていて、国の命運をかけた挙国一致の戦争遂行の国策がとられた非常事態下にあり、反対を許さない切迫した異常な雰囲気にあった。それゆえ、現実の問題として、小林さんは、不敬罪ないし倒閣という国益に反する言動をしたとされる被疑者に対する勾留請求を却下するときは、国民の結集を乱し国益に反することにならないか、さらには裁判所は非常識だと国民から非難されることにならないか、との思いで悩まれたようだ（(上)三五頁、(下)五三頁）。だが、裁判は、裁判官が良心に従い、独立して行うべきものである。裁判官の良心ないし司法権の独立に関しては、すでに、著名な大津事件をはじめ多くで語られている（兼子一＝竹下守夫『裁判法第四版』一一〇頁、団藤重光『法学の基礎』二四〇頁〈世界が滅びるとも正義は行われるべし、の問題についても記述がある〉。本書一九三頁）が、

前記のように小林さんは、裁判官としての良心に従った判断をされたのである。

②それとともに、この中野正剛に対する身体の拘束は、上述のように、議員の不逮捕特権に関する通説によれば、勾留請求のあった当日の二五日中なら、会期前として院の許諾なくして発令できることになるのだから、検察官は、同日ぎりぎりに、その見解に基づき発令を求めてきたのであった。だが、その勾留請求の予告があったのは同日夕刻であり、審査の期限ないし時間は、同日中の数時間に限られており、短時間に重要な結論を出す必要に迫られていたのである。

③そして、勾留請求事件の担当は、合議体ではなく予審判事の単独体であり（旧刑訴法二五五条）、解釈上の難題に直面したときにおいても、その判断の客観性を検証するための意見を交わす方法（合議）のない悩みがあり、小林さんは、繰り返し行きつ戻りつ自問自答されたことがうかがわれる。

④小林さん自身について憶測すると、前記のように国民の結集を乱す者は斬るという世情に照らせば、小林さんは語られていないけれども、その心中にはそれなりの覚悟はされていたと推測して間違いないだろう。

また身の処し方に関してももちろん思いを致されたであろう。だが、非国民呼ばわりされる人のその後の就業などには多くの困難が伴うことも予測されたことだったろう。

⑤そして、当日（二五日）深夜に、裁判所に出頭してきた大勢の検事は、司法省や検事局思想部所属の優秀な人たちで、政府の方針実現のために、裁判官を説得すべく交々強硬な発言をするのに対し、予審判事である小林さんは、一人で直接対面し、緊迫した雰囲気の中で理論的説得を試み、議論を重

ねられたのである。なお、小林さんは、勾留請求につき出頭した検事の一人に平松勇検事のお名前を挙げられるが、この出来事があった約二〇年後（昭和三七年）に、筆者は平松さんから、司法研修所の後期修習で刑事弁護教官としてご指導をいただいた。理論家のうえエネルギーの固まりのような先輩であった。このような理論家揃いの検事集団との緊迫した議論は、強靭な精神力を備えた小林さんでも、かなりの苦労であったに違いない。

小林さん自身も、数多くの死刑事件、政治家がらみの事件、荒れる法廷事件などの処理を含め、困難な事件の体験をされているようだが（法曹二一一号、二一二号）、当夜は、前記のように「相当凄惨な雰囲気で」あり、また「私が裁判官であったときにおいても、また私の全人生においても、もっとも印象に残る瞬間の一つだ」とされている（(上)三九頁）。

当夜、小林さんと一緒に事件処理を担当した裁判所書記官の本間武さんは「当夜の裁判所の宿直は、私と小林判事二人だけで……いわば孤立無援の中で、請求者側である検事局や司法省の係官多数に囲まれて……ただ一人応酬し、異常に緊迫した空気のうちに、今まで先例のない（筆者注、前記のように、この強制処分請求を却下した先例はなかったようであり、初めての却下例となる。(上)三七頁）この拒否処分を、小林判事はまげなかったのです。私は当夜の小林判事の信念に、今もって敬服の念を禁じえないのです。」と述べている（(上)三九頁）。

以上のような情況、とりわけ限られた時間内のいわば極限的場面で、小林さんは、悩みながらも、冷静に良心に従った判断をされたのであって、その強い精神力（あるいは当然のことだとの考えもあるかもしれないが）に深い尊敬の念を覚えるのである。

論争の余波

なお、若干の付言をさせていただくと、中野正剛事件については、関係者以外極秘とされた（予審密行。旧刑訴法二九六条）こともあって、小林さんによる却下処分はその後問題化されることはなかったようだ（（下）五四頁）。

だが、中野正剛につき勾留請求をした直接の責任者である検事局思想部長中村登音夫検事は、間もなく四三歳にして軍に招集（出征）されたというのである（当時はこのような見せしめ的召集が少なくなかったようだ）。周知のように、通常、部長検事は、事件処理につき、指揮、決裁を行い、具体的事件の担当をしないのだが、同部長検事は、この事件は将来責任問題になる可能性があると考えて、具体的事件の担当者を自らとして勾留請求を行ったのだと、小林さんは言われる（（下）五四頁）。

また、小林さんは、当日（二五日）の夜午後一一時過ぎ、検事に対し勾留請求却下を口頭告知したところ、検事たちは、裁判所の建物から退出したあたりで、歓声とも思われる声を上げたうえで帰庁したと言われる。そして、それは、東京の検事局では、中野正剛の勾留請求前に、その請求の可否が検討され、同人に対する勾留は困難だとして請求反対が多数だったようだが（前記極秘会議における松阪検事総長の「強制検束は出来ぬと云ふことが……全部の意見なのである」との発言はこれを述べていると思われる）、結局同検事総長の命令で、勾留請求することに決まった経緯があるので、小林さんに対し、検事たちは職務上強硬な意見を述べたけれども、小林さんが勾留請求却下を告知されたので（ただし、検察官と小林さんとの理由は同じではない）、戸外に出た際に、検事一同で歓声を上げたようだというのである（(下)五五頁）。

義（ただ）しきことが行われた

既述のように、法科大学院で担当していた法曹倫理科目において、私は教材の一つに新渡戸稲造『武士道』（矢内原忠雄訳、岩波文庫）も使用して学習をした。同書は人として備えるべき徳性・徳目を説くが、まずその第一として「義」（正義・ただしきこと）を、第二として「勇」（義〈ただ〉しきことをなすこと）を挙げたうえ（同書四三頁）で、「義を見てなさざるは勇無きなり」とする孔子の言葉（加地伸行『論語』講談社学術文庫五三頁）につき説いている。ここに、「義」（ただしきこと）とは、前記のように裁判官の場合「良心に従うこと」であると言ってよいと思うが、小林さんは、良心に従い、「義（ただ）しきこと」を行われたのである。

右の徳目の学習に際しては、中野正剛事件につき語られた小林さんの前掲文献（(上)および(下)）を学生にあらかじめ配付して、予習のうえ授業を行ったが、学生たちは小林さんの言動を厳粛に受けとめたと言ってよい。

外から見た裁判官

前記のように、小林さんは裁判所から国会の訴追委員会に出向して三年間執務し、その間訴追委員会創設以来の全訴追請求事件記録を通覧検討するとともに、訴追委員会が行う訴追請求事案の審査、討議に参加した経験に基づき、次のように述べられる。まず「日本の裁判官はもっとも清廉にして公正な」公務員だとされる。そのうえで、「裁判官は自己の権威に謙虚なれということ」と、「公正を疑わしめるような言動を法廷の内外を通じ注意すべき」だと説かれるのである（小林・法曹二一三号三三頁）。

(2)　吉田久さん

吉田久さん

翼賛選挙の無効判決

中野正剛事件と関連して、やはり同じ戦時下における特筆すべきもう一つの事件の裁判に関し、ここで記述させてもらいたいと思う。

周知のように、戦時中の昭和一七年（一九四二）四月三〇日に衆議院議員選挙が実施された。この選挙は政府の意向を受けた「翼賛政治体制協議会」が衆議院議員定数と同じ四六六人の推薦候補を立候補させた選挙、いわゆる翼賛選挙と言われたが、同会の推薦候補は三八一人（八一

%）が当選した。推薦候補には、当時の金額で一人当たり五〇〇〇円の選挙費用が臨時軍事費から支給されるなど政府の支援があったとされているが、非推薦候補には、全国的に、警察、自治体、地域ぐるみの激しい選挙干渉が行われた。そのため、選挙無効訴訟（以下「翼賛選挙無効訴訟」ともいう）が各地から大審院に提起された。当時この訴訟は、選挙の日から三〇日以内に、第一審でかつ終審である大審院に提起する必要があったのである（衆議院議員選挙法八一条）。

　この翼賛選挙において、鹿児島県第二区では、推薦候補四人全員が当選し、非推薦候補六人全員が落選したが、落選者のうち四人が原告となり、選挙無効訴訟を提起した。同訴訟を担当した大審院第三民事部（吉《よし》田《だ》久《ひさし》裁判長）は、多くの困難な審理を経た後に、敗戦の年である昭和二〇年（一九四五）三月一日に、「昭和一七年四月三〇日施行せられたる鹿児島県第二区に於ける衆議院議員の選挙は之を無効とす。」との判決を言い渡したのである。この判決原本（裁判官の署名、押印のある判決書）は、昭和二〇年三月の東京大空襲で大審院が焼失した際に焼けたとされ、原告代理人へ送達された判決正本（原本を謄写した書面）に基づく判決文が公にされていた（野村正男「吉田久」『法窓風雲録上』朝日新聞社二二八頁）が、後日最高裁の保管庫で原本が発見されたようだ（正本に基づく判決文は『資料日本現代史5（翼賛選挙2）』大月書店一八二頁～二〇九頁）。この翼賛選挙無効訴訟に関し、吉田久裁判長が詳述されている（中央大学学報三二巻一号以下）。吉田久裁判長は、明治一七年（一八八四）八月二一日生まれ、同四〇年検事任官、東京地裁、同控訴院判事を経て、昭和一四年四月大審院判事に就任された。そして、右判決言渡し後間もなく辞職されている。だが、戦後昭和二一年に貴族院議員に勅選された。

ちなみに、鹿児島県第二区では上記翼賛選挙無効判決の一九日後の三月二〇日に再選挙が実施された。この再選挙には、原告のうち二人が立候補し、翼賛選挙のときよりも得票を大幅に増やしたが当選しなかった（この人たちの当選の実現は、敗戦後実施の選挙まで待つほかなかった）。また、既述のように、中野正剛代議士は、この翼賛選挙で福岡から非推薦で立候補し、当選している。

翼賛選挙無効の判決に関しては、すでに多く語られている（比較的に近時のものとして、清永聡『気骨の判決』新潮新書〈平成二〇年。同書掲記の文献も参照〉、泉徳治「吉田久大審院判事のことなど」法曹六五五号二頁）。随分以前になるけれども、昭和三四年夏、筆者は法学部の学生だったが、前記大審院の吉田裁判長の部が、戦時下の多くの困難な条件のもとで審理を遂行し、選挙無効の判決を言い渡したことを知り（「大審院」法学セミナー四一号五五頁）、感銘を受けたのである。

戦時下の二つの裁判

中野正剛事件と翼賛選挙無効事件の裁判に関しては、両事件とも、臨戦体制下で社会的に異論を許さないという異常な情況下で裁判が行われた点では共通している。

しかし、両事件には、具体的な審理の過程において、かなり特徴的な差異がある。

① まず、審理の期間ないし時間に関する点である。前者の中野正剛事件では、前述したように、勾留請求があった昭和一八年一〇月二五日の当日中の数時間という極めて短時間内に、困難ないくつかの法律問題につき判断することが求められた。

他方、後者の翼賛選挙無効訴訟事件では、訴え提起は、昭和一七年四月三〇日から三〇日以内である五月二九日に行われ、判決の言い渡された同二〇年三月一日までには、かなりの審理期間がありえたことになる。だが、その間は、同選挙無効事件の審理への組織的非協力、嫌がらせ、妨害が継続した期間でもあった。

いわゆる国策（翼賛）選挙について、その無効事由の存否を審理するのだから、その過程では、それを歓迎しない側からの右のような対応は予測されることだが、裁判所として、適正な判断を行うために、当然のことながら十分な審理を遂げることが不可欠である。しかも選挙無効訴訟では関係者が多いのが通常だから、証人尋問の対象者も自ずから多人数になるのは避け難い（同部では、知事を含む百八十余人の尋問を予定した）。それら大勢の証人の都合、時間、費用を考慮すれば、担当する裁判所である大審院（東京）での尋問ではなく現地鹿児島での証人尋問が客観的にも相当であって、同部も現地での証人尋問実施を決定した。だが、現実に尋問への非協力、妨害が予測され、実際にもそれが行われた。吉田裁判長は、不測の事態も覚悟し遺言書を作成して出張しているし、普段でも特高警察の嫌がらせ的尾行を常時受けていたのである。また、上記鹿児島出張は、戦時下で食料事情が極めて逼迫しているうえ、宿泊施設探しも容易ではなく、現地鹿児島地方裁判所の尽力で何とか確保できたのであった。大審院民事第三部の現地出張に際し、裁判所部内では、国内出張なのに餞別を贈り、しかもその中身は米であったというのである。

大審院民事第三部は、苦労の末、証人尋問の目的を果たすことができたのだが、考えてみると、大審院の担当部が現地出張すると言っても、現実には、具体的手続を遂行するためのいわば手足がないうえ、右に見たように警察、県市町村、その他の協力はまったく期待できないにとどまらず、むしろその非協力、妨害に直面していたのだから、同部の出張尋問の成功を支えたのは、同部による審理遂行の強い意志と、その意義を理解しいわば正義の実現のために、地元の鹿児島地裁の所長を中心とする裁判所挙げての支援があったことにより警察などにそれなりの影響があったと言ってよいと思われる。付言するに、その後、米軍の空襲により、鹿児島地裁の庁舎、裁判所長の官舎は焼失し、所長(大審院の出張尋問に尽力された二人の所長中後任所長)ご一家は即死されている。

このように、翼賛選挙無効事件の審理を担当した大審院民事第三部の裁判官にとって、審理期間はさまざまな苦労の継続した長い期間を意味したのである。

② 次に、中野正剛事件と選挙無効事件との間には裁判所の構成につき違いがある。すでに見たように中野正剛事件は、担当の裁判官(予審判事)一人による単独体の審理であり(旧刑訴法二五五条)、事実および法律判断につき合議体による批判的意見に晒される機会がないから、担当裁判官は、自己の判断に客観性があるか否かにつき、念には念を入れながらも苦悩したのである(単独体と合議体については本書二〇〇頁)。前記のように小林さんもそれを率直に語られている。

翼賛選挙無効事件では、構成員五人による合議体の審理である(旧裁判所構成法五三条)から、単独体による上記中野正剛事件のような悩みは解消される。だが、他面、気持ちの安らぐことのなかった長期間にわたって、審理の遂行、事実認定、法律判断に関し、合議体としての統一的意思形成のために、常時十分な合議を繰り返し、理論的に納得できる合意を形成する必要があった。しかも同事件では、審理中たびたび同部の合議体構成員の交替があったのであり、構成員の見解をまとめ上げるためには、特に裁判長には法律的知識に加え、卓越した人柄と強靭な意志が要求されたといってよい。吉田久裁判長は、優れた能力の持ち主であることがうかがわれるが、物静かで、誰に対しても心優しい人柄であり、仕事においては、良心に従い、外部のことに影響されずに、淡々と遂行されたようだ。同裁判長にとっては、翼賛選挙無効事件の審理も格別のものではなくて、裁判官の職務の当たり前の仕事の一つであり、その結果当たり前の結論になったと考えておられたように思われる。普段特高警察に嫌がらせ的尾行をされることも、鹿児島への現地出張の際万一のことを考えて遺言状を作成したことも、証人尋問において多くの非協力があったことも、当時の社会情勢下の訴訟進行ではありうることだと考え、裁判官として、気負うことなく、外圧は気にすることなく良心に従った審理を遂げられたことがうかがわれるのである（前掲野村正男「吉田久」『法窓風雲録上』朝日新聞社二二八頁）。合議体の陪席裁判官たちも、この裁判長の上記優れた能力、人柄、仕事に対する姿勢に共感し、裁判長を中心として協力して長期間の困難な審議を遂げ、判決に漕ぎ着けられたのである。

◇

先輩に聞く

昭和四六年（一九七一）秋、司法研修所の同期生で東京周辺勤務の一同が、先輩である元大審院判事の丁野暁春《ちょうのとしはる》さんから「戦前の司法権独立」についての講話を拝聴した。丁野さんは、明治二九年（一八九六）一二月二四日生まれ、大正一三年（一九二四）裁判官任官、東京地裁判事、松江地裁所長などを経て大審院判事に就任され、昭和二二年（一九四七）退官されている。

私どもの世代は、同氏につき裁判官としての面識はなかったが、裁判所では著名な方であり、この講話の当時法学セミナー（一九七〇年一〇月～翌年四月号）に掲載された戦前、戦中の司法権独立に関する同氏による体験的論説（丁野「私の歩んだ道（司法権独立運動の証言）」）が私ども後進に強い関心を引き起こし、同期生幹事による懇請によりこの講話が実現したのである。

お話によれば、①戦前、戦中の政府ないし軍の横暴は想像以上のものだったようだ。「裁判官は国策に協力すべきだ」（国策裁判の要求）と、三権分立のことはまったく念頭にない発言が公然と行われた。昭和一九年（一九四四）一月の全国控訴院長等会同の機会における東條首相の「必勝の為の司法権の行使」を求める旨の三権分立を無視した演説と、これに対する細野長良広島控訴院長の文書による抗議が周知のように有名である（法律新聞四九〇二号六頁、法学セミナー一九七一年四月号四九頁、斎藤秀夫『裁判官論（増補三版）』一粒社一三頁）。②のみならず、肝腎の司法権の内部でも三権分立を自ら否定するような見解も主張された。昭和一六年（一九四一）五月の司法官会同で、長島毅大審院長が「裁判は……時勢の変化に順応追随……すべきもの」と強調し（長島毅「戦争と法律」法律新報六八八号二頁、家永三郎東教大教授『司法権独立の歴史的考察』日本評論社四四頁）、さらに大審院判決までが、経済統制令違反事件を有罪とした理由中で「……斯く解することは、所謂国策にも適合するものと謂うべし……」と説示し（大判昭和一四年三月二九日刑集一八巻一七七頁）、美濃部達吉東大教授から「政府の政策に迎合すること……は、甚だ遺憾」と批判されている（『昭和一四年度公法判例評釈』有斐閣一六三頁）。
③そして、このような情況下で、良心に従い裁判の独立を守るために、裁判官には、強い意志と信念が求められるのに、右世間の風潮に同調する裁判官も少なくなかったようだ（家永・同書五〇頁、清永聡・前掲書一一六頁、青木英五郎「裁判官の戦争責任」日本評論社）。

丁野さんは、そのうえで、さらに自らの体験を次のように語られた。裁判の独立は、時の推移に関わりなく近代民主国家における明白な原理であり、裁判に戦時型はありえず、政治と司法とは別だ、とする多くの優れた先輩たちの言動に影響を受けた（法学セミナー一九七一年三月号三九頁、法律新報六八〇号九頁）。昭和一三年（一九三八）ころ、「戦時下における裁判の在り方」に関し、日本国内および外地の裁判官数百人が参加する会議が開催された際、出席裁判官から忠君愛国一色の発言が繰り返されるのに抗して、丁野さんお一人が「裁判所だけは軍に隷従してはならない。この際こそ憲法の保障する司法権（の独立）を援用するべきだ」旨の発言をし、また昭和一六年（一九四一）ころの裁判官の会合で、三宅正太郎司法次官（周知の『裁判の書』角川文庫の著者）が「……皇国未曾有の非常時に際し、現在の……裁判所は何をしているか」などと発言したことに対し、やはり丁野さんが「現在……、議会は……行政権の圧迫により……機能を喪失した……。裁判所もまた同様にされつつあるように思う。しかし、……今こそむしろ三権を尊重すべき時ではないか」と司法権独立の重要性につき発言したと語られた（法学セミナー一九七一年二月号七二頁、七四頁）。

この講話は、教わることの多い貴重な内容であって、同期生一同は、職責の重大さを再認識しながら襟を正して拝聴したのである。質問も多く出て終了時間が大幅に延長されたことを記憶している。

右の講話に関連して若干の付言をお許しいただきたいのだが、近藤完爾さん（本書二五頁）は、先輩の丁野さんが常に「司法権の生命は永遠だ」と語り、司法のために「捨て身の人」だったとして、その言動に強い尊敬の気持ちを抱いたとしたうえで、戦時下でこれら優れた先輩たちから「司法は時流に流されてはならない。」との指導を受け、使命感を持ち仕事に努めることができたとされる（前掲「民事訴訟論考」二巻四〇三頁、四〇七頁）。また、丁野さんを私淑する人たちは「丁野先生還暦記念会」を作り、同会編『丁野さんと私（還暦記念随想集）』が刊行されている（最高裁図書館にある）が、近藤完爾、内藤頼博（本書四二頁）、横川敏雄（本書九七頁）、新村義廣（昭和三七年当時東京地裁判事。司法修習生時講演を拝聴した）さんら私どもの知る著名な先輩裁判官を含む四十余名からの心打たれる寄稿が掲載されている。ここで、内藤さんは、丁野さんとの関連で「正邪を本当に判断するのは……勇気の問題である。」と述べ（同書七一頁）、新村さんは、丁野さんが「筋道は絶対に通さなければならない信念」の持ち主だったとされている（同書二六頁）。右の各書籍は必読の価値がある。

◇

戦時下における既述の小林健治さんおよび吉田久さんによる二つの裁判は、良心に従い独立した裁判を行うことの範を、私ども後進に示されていると言ってよい。

9 知の巨人――倉田卓次さん（東京高裁部総括）

議論のあり方

昭和四〇年（一九六五）代の東京地方裁判所にはいくつかの勉強会があったが、そのうち昭和二七年ころに、同裁判所の裁判官近藤完爾さんを中心に、若手判事補の人たちを構成員として発足した民事実務研究会が著名だった。訴訟実務上身近に生起する諸問題を研究対象に取り上げ、種々の解明方法を検討し、その結果を判例タイムズ誌上に公表しており、それが事件処理に手掛かりを与えてくれるとして、実務家特に未特例判事補にはありがたい存在だったのである（本書三一頁）。昭和四一年秋、私もこの勉強会に参加させていただいた。ここで、すでに数多くの優れた論説および指導的判決により著名な存在だった倉田卓次《くらたたくじ》さんに初めてお目にかかった。

倉田さんは、大正一一年（一九二二）一月二〇日生まれ、昭和二六年裁判官任官、最高裁調査官、佐賀地家裁所長などを経て、同五五年東京高裁部総括判事に就任された。昭和四九年には大阪大学から法学博士の学位を授与されている。

この勉強会では、発足時から、座長の近藤さんの陪席裁判官であった倉田さんが、ほぼ全面にわたって尽力されたようだが、一〇年余り後の当時も、議論は、倉田さんを中心に展開されているように感じられた。倉田さんは、論理的で説得的な見解を機関銃のように早口に発言されるのに、さらに頭の回転はその先に進んでいるようで、口の動きが遅くてもどかしいと感じられているようだった。お話を聞きながら、世の中には凄い人がおられるものだと思ったものである。そして、この勉強会でお目にかかるまで、判決、論文における鋭い理論と文章から、倉田さんは、いわゆる秀才タイプの近寄り難い怖い人だろうと想像していた。だが、思いがけないことに、これほどの卓越した才能、学識を備えた論客が、自らは少しもそれを意識せず、誰に対しても、偉ぶらず、気さくで、飾り気なく、率直に語り、かつ他人の意見について、虚心に、真摯に耳を傾けられたのである（発言は歯に衣着せぬものだったが）。思考は極めて柔軟で、未特例判事補の発言でも、稀に、「そうだな、君の考えの方が良いようだな。」という発言をされることもあった。思うに、倉田さんは、当然のことながら、議論においては、最も論理的で説得力ある理由づけと、座りのよい結論こそが最高なのであって、発言者の年齢、先輩・後輩の順には関わりないと考えておられたのである（倉田『裁判官の戦後史』〈以下「戦後史」という〉筑摩書房一一八頁。この戦後史は、「続」、「続々」が刊行されているので、以下「続戦後史」などという）。我々は、倉田さんから議論における心構えを教わったのである。

倉田卓次さん

勉強会入会後間もないころ、倉田さんが自分の行った決定（長野地裁飯田支部決定昭和三三年一二月二三日下民集九巻一二号一五五五頁）を勉強会の研究材料に提供された。勉強会の当時においても、刑法施行法三七条等の規定によると、株式会社の取締役が懲役刑に処せられると、当然その資格を喪失するとされており、大審院もそれを有効とする決定をしていた（大正一四年四月二四日民集四巻二三三頁）。だが、倉田さんの前記決定は、同条等は社会の現状に合わなくなっているからその現行性を消極に解すべきだと判断されたのであり、決定中には学者の論文まで引用した詳細なものだった（続戦後史〈悠々社〉一七頁）。判例と異なる立場で裁判するにはこれほど詳細綴密に判断すべきなのか、と教わることの多い決定だった。当日も熱の入った議論が行われたうえ倉田決定は支持されたが、検討結果の取りまとめは、裁判をした倉田さん以外の者が行うべきだとして、新参の私に割り当てられた。勉強会に参加したものの、先輩たちの議論を追いかけるのが精一杯だったから、仕上げるのに随分苦労したが（「株式会社の取締役が懲役刑に処せられた場合、当然その資格を喪失するか」判タ二〇四号七四頁）、倉田さんからご指導を受け貴重な体験となった。

その後、私にも、研究発表の順番がきたので、自分で取り扱った事件から、債権の差押制限（民事執行法一五二条、旧民訴法六一八条）に関する出題をした。その準備中、母法であるドイツ民訴法八五〇条に関するバウムバッハの解説の中に、私の知識ではどうしても理解困難な記述があった。当時未特例判事補宿舎（渋谷区神宮前）に電話はなかったので、ポケットに一〇円玉を一杯詰めて、宿舎に近い公衆電話ボックスに行き、倉田さんに教えを請うたところ、「その前後を読み上げてみろ。」と言われ、それに従ったら、直ちに的確な訳を示されたのである。倉田さんがドイツ語に堪能なことは知っていたつもりだったが、その適訳に目の覚めるような思いがしたのだった。お陰で辛うじて勉強会での義務を果たすことができたのだが（「プロ野球選手の報酬債権と差押制限」判タ一二一四号七四頁）、その後も、倉田さんの気さくさに甘えて何度か似たような電話をして、ご指導をいただいた。何年か経過した平成二三年一月、前記元裁判所宿舎の近くを訪ねる機会があったので、懐かしいその地に立ち寄ってみた。すでに宿舎の建物はなくなっていて、「表参道ヒルズ」という洒落た建物が建っていた。また、公衆電話ボックスも、携帯電話時代だからか撤去されて、その傍にあった郵便ポストだけが残っていた。

◇

東京地裁民事第一三部

① 昭和四八年四月、幸運にも、私は倉田裁判長の民事第一三部に配属された。倉田裁判長の合議は、上述の勉強会における討論の方法と基本的に共通した。当該事案の解決に、最も座りのよい（事件の「すじとすわり」については、本書九〇頁）適切妥当な結論を目指して、論理的で筋道立った理由（事実認定・法律判断）を、納得できるまで全力で追求するというものだった。拙速は強く戒められた。思考は柔軟で自説を押し付けることはせず、前記のように最も優れた説得力ある意見を尊重し、その発言者が誰であるかには関心がなかった。中村治朗さんは「私たちは、……論理的な複数の答えが可能であることを認めながらも、その中には他よりも適切ないし妥当な答え、その意味で正しい答えが唯一つあるはずであると考え、どれがそれであるかを必死になって模索する」とされる（『裁判の世界を生

きて』四一四頁）が、倉田裁判長も同様だった。

事実認定では、証拠との関係でさまざまな角度から検算を繰り返し、法解釈では、従来のそれをより深化できないか、従来の解釈で賄いきれないときは別の理論を発見できないかを探求した。相当地代算定に関する利回り方式の工夫（東京地判昭和二九年九月六日下民集五巻九号一四二四頁、本書三二頁）、逸失利益と慰謝料の融通（東京地判昭和四二年一〇月一八日判タ二一一号二〇三頁）、不法行為訴訟における割合的判断（東京地判昭和四五年六月二九日判時六一五号三八頁）、境界確定訴訟における境界線の判断（東京地判昭和四六年四月二八日判タ二六五号一六〇頁）など枚挙に暇がない。倉田さん関与の裁判で、判例集、判例雑誌に登載分は三四七件もの多きに達するとのことだが（続々戦後史、悠々社一三四頁）、いずれも、当該事案解決に向けた最も適正、妥当な理由と結論を総力で探求した努力の成果だと言ってよい。倉田さんは、「一審の場合、万一誤っても、高裁から是正してもらう機会があるのだから、安心して自分の最善と思う判断をすべきだ。」と、よく語られた（後日、高裁勤務になったとき、この言葉を思い出し、自戒したものである）。

合議では、主任裁判官から発言した（評議の際各判事意見を述ぶるの順序は、官等の最も低き者を始めとし裁判長を終とす。旧裁判所構成法一二二条）が、途中で、たいてい倉田さんの発言をきっかけに議論が入り乱れ白熱化していくのが常だった。今でも、あの率直で、気さくな合議の風景が思い出され懐かしい。

文章、表現について、博学な倉田さんは、一家言をもち、自分の単独体判決では、細部までそれを徹底された。訴訟当事者の「求めている裁判」についての表現まで気配りされた（「求めた裁判か求める裁判か」判タ四〇二号一二三頁）。その後、私の合議体でも「求める」と表現することにしたが、「倉田さんの上記論説の見解に従いたい。」と諮ると全構成員が賛成してくれた。合議体における文章表現については、あらかじめ、用字、用語、送り仮名などについて基本的申合せをして文書化された（「第一三部合議事件判決起案についての申合せ事項〈昭和四八年一月〉」）が、時間とエネルギー節約のため意義ある合意だったと思う。そして、最低限、同一起案中で表現が一貫すべきことをいつも強調された。私が所属した昭和四八年は、第一三部に、研鑽判事補が配属された。研鑽判事補制度とは、昭和四七年から、東京を除く裁判所に配属された新任判事補全員につき、任官一年内に、順次四か月交替で東京地裁勤務を体験させるという当時の制度で（続々戦後史一八四頁）、その人たちの起案は徹底して添削された。それでも、倉田さんは、あまり添削しない主義だとされている（戦後史二〇〇頁）。ただ、起案の原案はできるだけ生かそうと、切貼りするなど配慮をされた。第一三部配属の研鑽判事補の人たちには得がたい勉強になったと思う。

かつては、事件処理に際し、合議体の主任裁判官は、合議用のメモを自分用に用意するが、大型事件など特別の事案以外は他の構成員用のメモまで準備をしないのが通常だった。だが、倉田さんは研鑽判事補たちに対し、勉強のために、記録精査のうえ、事案の問題点、判例・学説の調査結果、審理の見通し、当日の審理計画などを記載した「合議メモ」（続々戦後史一三三頁）を作成して、合議体の構成員にも配付するよう義務づけられた。この方法の効用は顕著だったと思う。これが他の研鑽部にも採用され、現在では、ほぼどこの合議体でも（高裁を含め）利用するに至っていると言ってよい。

また、裁判官は、迅速で効率的な事件処理のため、記録の検討結果、審理の経過・内容、問題点、進行予定、さらには心証などの要点をメモした「手控え」を作るのが通常である。昭和三五年司法研修所の修習前期に手控えのサンプルが配付され、簡単な説明を受けた。その際、手控えは、迅速、適切な訴訟進行のためのいわば「メモ」にとどまり、その作成自体が目的ではないとの説明があった。裁判官は、各人さまざまな工夫をしてそれを作成している。昭和四二年暮、東京周辺の同期判事補会の担当幹事が、倉田さんにお願いをし、手控え作成についてお話を伺った。その内容は、主に符号と図形を使用した画期的内容であり（倉田「手控えの実技」判タ三一一号四二頁）、とりわけ不動産訴訟の権利関係図示の着想は独創的で、一同驚嘆しながら教わったのである。その際、エネルギー節約のため、担当事件を引き継ぐときには手控えも引き継げたら理想的だと語られたのが印象的だった。直接お話を伺った我々同期生はもちろんだが、多くの裁判官が大なり小なり、この「手控えの実技」から影響を受けたと言ってよい。手控えと記録の読み方の関係で、倉田さんは、記録を一度精読しながら手控えを作れば、記録の検討はほとんど不要になると言われた。だが能力的に個人差があり、私は、期日前に、手控えに基づき再度記録を検討しないと不安だったから、手控えの効用はその分少なかったのかもしれない。また、私の手控えは雑然としていて自分でも読みにくいので、その引継ぎはしなかったが、別に事件引継一覧表を作り、事件の問題点、当事者・代理人に関する特記事項、審理計画などをメモして、自分限りの感想として引き継ぐことにしていた。その後、法科大学院で、学習の能率向上の工夫として、符号化した略語と図示方法を、倉田さんのお名前とともに学生に紹介したが、時間を節約できるとして歓迎してくれた。

② 審理において、倉田さんは、当事者の主張を要領よく整理されたが、その際、当事者を問い詰める釈明はされなかった。「原告の主張は、○○ということですね。」と整理されるのである。倉田さんの助け舟だから、ほとんどの代理人は「そうです。」と答えると、必要に応じ弁論調書に記載していかれた。そのため、弁論は短時間で回転した。かつて、第一三部配属前の昭和四三年春、私は特例判事補の発令と同時に新潟地裁長岡支部に転任することになったとき、中村治朗裁判長のお勧めで、東京地裁の著名な裁判官のいくつかの法廷を傍聴させてもらったが、倉田さんの法廷傍聴で教わった右の釈明方法は、新任地で随分役に立った。

人証の採用は柔軟で（『元裁判官の書斎』判例タイムズ社一三頁）、当事者の説明に耳を傾けられたが、当然のことながら心証の変動に応じて合議を尽くして決定されたから、最終的に少人数になった。介入尋問は、話の腰を折らぬようにと、最少限にされていた（倉田『民事裁判論集』判例タイムズ社五四二頁）。頭の回転が人の何倍も速いから、随分発言を我慢されているのが、隣席から感じられた。難しい氏名・用語等は、文字を確認し、記録に表れている限りその用語を自ら口頭で示された。速記官の参考のためと、本人または代理人も裁判所が記録に目を通していることを知り安心する、と語られた。

ちなみに、裁判所速記官制度発足後間もないころ、裁判所部内で、裁判官に対し、速記官関与の証人尋問に関し理解を要望された事項がある（最高裁事務総長昭和三一年一一月二六日付通達）。良き証言調書作成のため、参考にして良いと思われるので、念のため、その要旨を掲記する。すなわち、(i)複数の代理人のときは、発言者の氏名を名乗らせる、(ii)低音・意味不明の発言については、明確にするよう注意する、(iii)数人による同時発言は、速記を中止させ整理する、(iv)特殊な専門用語・固有名詞などは文字を指示する、(v)動作による場合、代名詞で特定のもの・位置等を表現した場合は、言葉にかえて表現させる、などというものである（拙稿「民事訴訟における速記録」判タ四八二号二九頁）。

補充尋問は主任裁判官から行い裁判長は最後にされたが、尋問の際は、携行したノートにメモ書きし、陪席裁判官の尋問で不要になった事項を順次消していかれた。裁判長の尋問が少ないときは、陪席裁判官の尋問が効率的だったのである。

なお、法廷に入るとき、倉田裁判長は、扉の取手に手を掛け、一瞬の間合いをおいてから開扉し入廷された。戦場に赴く直前に決意を確認されているような雰囲気だな、と思ったものである。

③ 上述のように事件の適正処理を徹底して追求したのに、第一三部の処理未済事件数は少なく、私が着任する以前から、東京地裁民事通常部で最少の未済手持件数の部だった。民事訴訟の重要な理念とされる適正と迅速（民訴法二条、伊藤眞『民事訴訟法』有斐閣二〇頁）は、現実には両立させることがなかなか困難だと思われるが、倉田さんは、事件の適正な処理に向けて全力で知恵を絞り工夫と努力をすれば、適正処理を迅速に行うことができる（適正処理の迅速化）という考えだった。だから、倉田さんは、常に「本業第一」と言い、自ら率先して全力で記録を精読し、合議をして事件処理に当たり、結局事件の適正な迅速処理という二兎を得ておられたのである。

第一三部に配属が決まったとき、私は担当する単独事件の処理に全力を挙げるとともに、またとない機会だから、合議体の構成員として事件処理に積極的に関与し、倉田裁判長の指導を仰ごうと考えた。合議事件の記録を読み、合議に加わり、左陪席の起案につき右陪席として私なりに丹念に加削した（加削の是非を含めて、裁判長から検討してもらえる）。しかし、異動直後は、自分が担当する単独事件の記録精査と処理に没頭するだけで時間とエネルギーが不足するのが通常なのだから、前記のような合議事件への関与は、担当の単独事件の処理未済数を増加させ、第一三部全体の未済事件数を増加させる結果になった。手持ち未済事件数を増加させたのは、裁判所における全勤務期間を通じ、このときの一度だけであって、同部での在任期間がもう少しあれば未済件数は減少できたのにと、痛恨の極みだった。考えてみれば、すでに合議が尽くされているのだから、せめて合議事件の判決起案の添削（かなりの時間とエネルギーを必要とする）については、裁判長に委ねることで足りたと反省したのだが、右陪席として合議体で充実した指導を受けたことは、その後の事件処理上に得難い勉強になった。

東京地裁民事第二七部

昭和四一年から約四年間、倉田さんは東京地裁民事第二七部（交通部）の裁判長をされた。私は同部に所属したことはないが、当時は、いわゆる交通戦争と言われた時期で、裁判所の交通事件訴訟が激増し、全国の裁判所がその処理に苦労していた。その時期に、倉田裁判長指導の同部は、交通事故に基づく不法行為訴訟処理の理論、処理方法（処理基準）について討議、研究、工夫を凝らし、次々と先駆的考えを判決、論説、座談会、講演で公表した（続々戦後史八二頁以下）。それは、全国の裁判所、損害保険業界、さらに不法行為法・訴訟法各学会などに強い影響を与えた。倉田さんの裁判関係の理論と実務上の功績は多大であるが、とりわけ、この交通事件を中心とする不法行為事件訴訟処理に関する功績は特筆されてよい。

私ども東京勤務の司法研修所同期生一同は、倉田さんから、前記のように、昭和四二年暮れに「手控えの実技」につき講話をしていただいたのだが、さらに昭和四三年二月に、引き続き第二回目の講話をお願いした。お一人の講師に二回も講話をお願いしたのは倉田さんだけだった。それは、同年四月には、同期生一同が全国各地の裁判所に異動して、単独体で事件処理を行うことが予定されており、交通訴訟の担当が避けられないと思われたのでその準備のためであったが、それ以上に、魅力溢れる倉田先輩のお話をもう一度お聞きしたいとの強い気持ちが全員にあったのである。倉田さんは、後にも見るように、日ごろから後進の育成は先輩としての大切な責務であり、それにより良き裁判が行われることになると考えて行動されていたようだ。このときも超ご多忙なのに快く引き受けて、第二七部の交通訴訟の運用の実態から最新の問題点まで、極めて率直、詳細に教えてくださったのである。昭和四三年春、私は新潟地裁長岡支部に異動し交通訴訟も担当したが、その訴訟事件処理では、倉田さんの右ご教示は随分役に立った。また、東京地裁民事第二七部の判決、論説等は、事件処理に手掛かりを与えてくれる指導的かつ貴重な存在であり、執務上どんなに助けられたかしれない（ただ、同じ国内なのに、貨幣価値は地方の方がかなり高く、東京地裁の基準が直ちに適用できないことを何度も痛感したが)。

◇

後進の指導

倉田さんは、学徒出陣し、台湾で敗戦を迎えられた(戦後史二一頁)が、第一三部の懇親会などで、稀にそのころの苦労を語られることがあった。米軍の機銃掃射の合間に、命がけで倉田小隊は鉄道構築作業に従事した。作業開始の際は、倉田隊長が、整列した隊員約五〇名に対し大音声で「ただ今から架橋(確か「がきょう」と言われたように思う)を為す。」と命令し、自らも作業に取り組むのだ、と身振りを交えて語られた。これを伺い、第一三部の場合と同様に、戦場でも自ら先頭に立ち、いわば陣頭指揮で部下を引っ張られたのだと知ったのである。三、四年前に、台湾旅行をした際、古い駅舎や線路を見るたびに、「もしかしたら、倉田さんが架橋されたものかも。」と家内と語ったのであった。平成一九年一月、台湾で日本の技術による新幹線が開通したが、倉田さんは試乗されたのであろうか。

倉田さんは、後進を育成するのは先輩の大事な義務だと考えておられた。前記のように部の構成員はもちろん、部外の人でも、お願いすれば、どんなに忙しくても、やりくりして、気さくに個人や団体の勉強会、講演会に出席し指導してくださった(謝礼はなく、ただ参加者と同じ弁当が提供されるのが常だった)。また後進に対し勉強の機会を提供するように心がけてくださった。

以前から、裁判所書記官研修所では、研修生に対し年間四回の民事演習が実施されていたが、その科目に、東京地裁の裁判長および右陪席クラスの二人の講師が加わり、民事教官とともに、演習問題、模範解答等につき議論を重ねて準備を行い、さらに右陪席の講師は、授業とテストの採点も担当していた。昭和三四年当時には、岩野徹さん（後東京高裁部総括）が若き倉田さんに声をかけられ、お二人で、これに参加されたとのことだが（続戦後史一一〇頁）、昭和四八年春、光栄にも倉田裁判長が「勉強になるからやってみないか。」と声をかけてくださり、お伴をし一緒に参加して勉強する機会を作っていただいた。研修生には迷惑だったかもしれないが、大変勉強になった。

また昭和五三年秋に、倉田さんが、長年担当された「金融法務事情」の金融判例研究会（続戦後史一一六頁）から抜けられる際に、やはり同じように「勉強になるよ。」と後任研究会員に推薦してくださり、倉田さん参加の最終研究会に同行して紹介してくださった。金融法分野は特に不案内なのに、順番に研究発表が割り当てられ苦労したが（「記名式定期預金の預金者」金法八六五号二二頁など）、特に銀行から参加される論客のお話は有益だった。余談だが現在でも金融法務事情誌を寄贈してもらい、所属事務所の顧問先が銀行なので助かっている。

そして、平成二年一一月、医療問題弁護団研究会という団体による全国研究会が開かれ、倉田さんがコメンテーターとして出席された。その研究素材が以前私の部で行った判決（横浜地裁川崎支部判平成元年六月三〇日判時一三四八号一一二頁。出産医療過誤に基づく損害賠償請求事件で、一部認容）であって、倉田さんが「勉強になるだろう。」と言って研究会の速記録（第一二回医療問題弁護団研究会全国交流集会報告集）を送ってくださった。それによると、研究会の討議で、判決は支持されたようだが、さらに、倉田さんが「この事件をやった裁判長の渋川君は、私の陪席をしたことがあって一緒に合議をしてよく知っている人で、慎重な訴訟をする人だと思っています。私が裁判したとしても、結局こうゆう判決になった。」と発言されているのを知り（同書八〇頁）、民訴法学会で、近藤元裁判長が倉田元陪席擁護の発言をされた（本書一七九頁）のを想起し、先輩とはありがたいものだと思ったものである。

著名な法社会学者小室直樹氏（法学博士）から指導を受けたという、橋爪大三郎東工大名誉教授が、その師につき、「知識ふりそそぐ太陽のような師」だとしたうえで、「小室先生は、ご自分の知識を太陽の光線のように惜しみなく学生たちに分け与えた。学問が骨肉になっている本物の学者に初めて出会えた気がした。」と述べられる（平成二五年二月二一日付朝日新聞夕刊）が、倉田さんの後進に対する様子が語られているような気がしたのである。

優しさ溢れる硬派

倉田さんは、才気溢れる人なのに、誰に対しても決して偉ぶらず、飾り気なく気さくに、誠心対応し、思いやりと気配りのある優しい人だった。倉田さんに初めて会った人にも、「百年の知己」のように親しく接してくださった。朝出勤すると、まず、書記官室のドアを開けて「おはよう。」という挨拶を欠かされなかったし、書記官室からの信頼も厚かった。第一三部の懇親会があるときは、いつも二次会の会場はご自宅で、全員を呼んでくださった（今思うと、奥様とお嬢さんに、大変ご迷惑をお掛けしてしまった）。

かつて、プロ野球の王貞治元監督が、野球殿堂入りしたとき、新聞のインタビューで、スーパースターの「技術は生まれつきの才能じゃない。人間離れした練習があってこそ。」と厳しい発言をする一方で、思いやりある気配りも示す人だとして、新聞は「優しさあふれる硬派」だと書いている（平成六年一月二〇日付朝日新聞朝刊）が、まるで倉田さんについての記事のように思われたのである。

倉田さんは、「修習生は、裁判長に師事し、左陪席に兄事する」と言われるが（戦後史八〇頁）、我々は、倉田裁判長に師事したことはもちろん当然だが、それとともにやや年齢の離れた長兄に甘えるような気持ちで兄事もさせていただいたのである。

◇

論説――「業余」の著作

倉田さんは、前記のように、先例的価値の高い多くの裁判をするとともに、事件処理上有益な多くの先駆的工夫を試み、さらに裁判実務に直結するたくさんの指導的内容の法律論文を公にして実務家はもちろん法律学者にも大きな影響を与えられた。倉田さんは、論文は「業余」の著作だとされる（倉田『民事裁判論集』判例タイムズ社一頁）が、内容的に実務上極めて有益な論考ばかりで、その研究は「業務」の一部（『民事法の諸問題Ⅳ』判例タイムズ社、はしがき三頁）にほかならないと思う。著作は、平成一九年九月一五日時点（判例タイムズ社主催の出版記念会開催日。本書一八二頁）で、法律外の論説も含めて単行本二二冊（これに収録されていない論説も多い。前記『民事裁判論集』に主要著作目録がある）に達し、質量ともに壮観と言う以外にない。この中の『民事交通訴訟の課題』(日本評論社)で、既述のように大阪大学法学博士を授与されている。我々実務家の多くが、倉田さんのこれら裁判、論文から極めて多くのご教示を得ているのである。

著作のうちでも、ローゼンベルクの『証明責任論』(判例タイムズ社)の翻訳をはじめ、証明責任および事実認定に関する多くの論文は、執務上の必要から、とりわけ何回も熟読した。その関連で、昭和四〇年代後半の学会、実務界における証明責任に関する議論(「討論証明責任(挙証責任)の分配」民事訴訟雑誌二二号一五三頁)は極めて興味深かった。私は、四十余年訴訟実務に努めた体験から、法的安定の見地から、通説(法律要件分類説。伊藤眞・前掲『民事訴訟法』三二九頁参照)に従うものであるが、前記証明責任をめぐる議論に関連して一言することをお許しいただきたいと思う。周知のとおり、当時、倉田さんが新説に対し述べられた批判的見解(「証明責任分配論における通説の擁護」判タ三一八号五七頁等)につき、それが非理性的で、非難ないし罵倒的発言だとの批判が新説の立場からされたことがあったが(石田穣「立証責任論の再構成」判タ三二二号二頁等)、冷静に前記倉田論文を読むとき、決して新説からのこの批判は当たらないと私には理解される。また、倉田さんは、既述のように、合議や議論において、鋭い論理を展開されるが、誹謗するような発言をする人ではない。陪席裁判官として尊敬する倉田さんのため、これまで機会がなかったので、いささか時機に後れるきらいがないわけではないが、遅まきながら一言させていただいた。倉田さんの元裁判長だった近藤さんも、民訴法学会で結論同旨の発言をされている(同民訴雑誌二二六頁)。

仄聞するに、諸外国語、民俗学、考古学等広汎な分野に精通する博学者で「知の巨人」と言われる南方熊楠に、倉田さんは私淑されるようだが（続戦後史一三一頁）、ご自分も法律学を含むあらゆることに興味、関心をもたれる。倉田さんの同期（三期）であられる田尾桃二さん（本書九四頁）は、倉田さんの活動を見ると、南方熊楠翁を想起するとし、倉田さんも「知の巨人」だと賞賛される（「知の巨人倉田卓次さんとの思い出」判タ一三四五号六頁）。倉田さんの前記著作活動も、裁判関連分野にとどまらず、それと無関係な広範な方面に及んでいる（倉田『裁判官の書斎』勁草書房など〈以下、「書斎」という。ただし数冊あるので「続書斎」などと記載して特定する〉）し、その探求姿勢も、半端なものではなく徹底的である。例えば、「地獄への道は善意で舗装されている」との古諺の提唱者の探求では、思いもよらぬ人物に到達するのだが、それまでの経緯は敬服に値する（「地獄への道」書斎七頁）。雑談の折には、石森（石ノ森）章太郎の作品やさいとう・たかをの『ゴルゴ13』といった漫画から内外の推理小説（書斎二二二頁）に至るまで、それぞれ最高傑作名を挙げるなど楽しそうに語られるのである。

民事第一三部の懇親会後の二次会で、珍しく、我が家に同部の一同が来てくださったことがある（陪席の家でも、気さくに足を運んでくださる）。ところが、いつの間にか倉田さんが見えなくなったが、別室で（と言っても宿舎は三室しかない）、幼稚園の息子二人を相手に、段ボール箱一杯の怪獣（続々書斎二三五頁）の玩具を取り出し目の前に並べて、しきりに説明をされていた。私を見つけた長男が、「このオジさん凄いよ。怪獣の名前を全部当てたんだ。」と頬を紅潮させて報告すると、倉田さんは

「どうだ。凄いだろう。」と言いながら、子ども相手に、胸を張って満足そうな顔をされるのである。

前記のように倉田さんは、世のさまざまなことに関心があったうえ、近藤完爾さんと雑談の際、「図書館みたいな書庫を建てて」好きな本が読めれば言うことなしだと語られた由で（戦後史一二五頁）、蔵書は幅広くかつ膨大であったが、都内大塚に転居されたとき、念願の電動式書架を設置された。何度も誘ってくださったので、平成一六年夏、裁判所関係の会合でたまたまお会いした際、ご自宅にお供した。地震が来たらすぐ逃げようと話している我が家の古い木製本箱と違い、金属性の電動式書架の立派な書庫で、嬉しそうにあれこれ説明される倉田さんの様子に私まで嬉しくなったのである。

なお、右の倉田さん宅にお伺いする途中に、昼食の時刻になったので、池袋駅近くで簡単な食事をご一緒した。私が会計をしようとしたら制止して、倉田さんが払ってくださった。店を出てから、「私はまだ現役ですから、たまには負担させていただきたかったのですが。」と申し上げたところ、「裁判所では、こういうときは、先輩が払うという良き慣行がある。君も後輩にそうしてやってくれ。」と言われたのである。裁判所では、裁判の独立に由来するからであろうか、歳暮、中元などを含め、後輩から先輩に贈物をする慣行はない。むしろ、先輩が後輩におごるのが伝統だと先輩から教わっていたのである（中村治朗裁判長からも、陪席裁判官時代に倉田さんと同様の発言を伺ったことがある。本書一八頁）。私も、この良き慣行の実践を心がけたつもりだが、先輩のご期待に副っているかどうか自信がない。

◇

倉田さんは、上述のように、世のさまざまなことに関心を示されるが、優れた人物に関しても同様で、すぐに親しくなる特技を備えておられるようだ。自らは、人見知りする性格だと言われるが（続書斎三二六頁）、優れた人物への関心の比重の方がより強かったのかもしれない（戦後史二七八頁）。そして、自らも、優れた人格・識見を備えたうえ、誰にも気さくに、「来るものは拒まない」お人柄からであろう、倉田さんの周囲には優れた人材が多く集まられた。平成一九年九月一五日、判例タイムズ社主催で、倉田さんの前記『民事裁判論集』と『元裁判官の書斎』の出版記念会が開催された。現元最高裁判事数名を含む一〇〇名からの著名な出席者による盛大なもので、倉田さんの交友の広さを示していた。余談だが、私にまで声をかけてくださり、ご家族のテーブルに同席させていただき、何年ぶりかで皆様にお目にかかれたのはありがたいことだった。

倉田さんと親しい多くの群像のうち、私も知る何人かの人につき一言させてもらいたいと思う。

① 然るときは、まず第一に挙げられるべき人が近藤完爾さんであることはどなたも異存ないだろう。近藤さんは、倉田さんが初めて裁判官に任官した昭和二六年に、指導を受けた裁判長で、親しい師弟関係は終生続いたようだ。倉田さんの日ごろの言動、文章から、深い尊敬のお気持ちが強く感じられる（戦後史一八七頁、近藤完爾『民事訴訟法論考』一ないし四巻の座談会）。近藤完爾さんについては、既述

した（本書二一五頁）。

次に挙げるべき人は、著者の証明責任論を翻訳するとともに（倉田訳ローゼンベルク前掲『証明責任論』）、ドイツ留学中直接訪問して教えを乞われた（続戦後史二一五頁）ローゼンベルクさんであろう。倉田さんの日ごろの言動から憶測するに、この大先達に対しても強い思入れがうかがわれる。第一三部の一同が、倉田さんのご自宅を二次会でしばしば訪問したことは前述したが、食事の後に、コーヒーを出してくださるのが常だった。倉田さんは、自らいくつかのコーヒー豆をブレンドし、それぞれに名前をつけるという凝り様だったが、最高の出来映えのブレンドにローゼンベルクと命名されたのである。全員がこのローゼンベルクのブレンドを所望したことは言うまでもない。

国際司法裁判所判事だった田中耕太郎さんにも強く私淑し、ドイツ留学中にハーグのご自宅を訪問されている（同書一九三頁）。昭和三三年秋の大学祭で、私は当時最高裁長官だった田中耕太郎さんの講演を聴講した。演題はもう定かでないが、講演内容は「自分の体験からすると、物事はうまくいかないことの方が多いものだ。時には進退窮まる状況に陥ることもある（田中耕太郎さんでもそんなことがあるのだろうかと思ったものである）。そのようなときは、諦めず、気力を奮い起こして努力すべきだ。努力しなければ道が開けることはないが、努力をすれば物事はたいがいうまくいくことが多い。今日本は壊滅的状況だが、今後の日本の命運は諸君の努力に懸かっている。」。概ねこのような話を自分の体験を交えて語られた。講演が終わったとき、まず軍服姿の先輩たち（学園内にはまだ元軍人の先輩が多かった）が立ち上がって強い拍手をし、やがて会場のほぼ全員が立ち上がり同調した。万雷の拍手とはこれを言うのかと思ったのである。

余談だが、講演に引き続き、大学祭の行事として、当時封切後あまり期間が経っていなかったと思うが、高峰秀子と佐田啓二出演の「喜びも悲しみも幾歳月」という映画が上映された。同級生数人で観賞を終えて、校庭で雑談した際に、「俺も、高峰秀子のような嫁さんを見つけるぞ。」と誰かが宣言したところ、全員で「俺も」「俺も」と唱和したのだった。あれから数十年を経過し同じメンバーによる会合もあったのに、これまで、前記の宣言が実現したとの報告は誰からもない。
② 倉田さんは、学者、特に民事訴訟法や交通法関係の多くの学者と親交があるようだが、最も親しい学者は中野貞一郎元大阪大学教授であろう（元書斎二二七頁）。中野先生は、倉田さんに法学博士号取得を勧め、大阪大学を紹介された由だし（続々戦後史二〇〇頁）、前記出版記念会には、遠路出席し祝辞を述べられた。先生の優れた学識については、私どもは修習生時代から名著『訴訟関係と訴訟行為』で知っていた。同書をはじめとして先生の論説は手堅く、周到で、いちいち文献名は挙げないけれども、訴訟・執行実務に指導的役割を果たしていると言ってよい。法科大学院の授業では、執行関係で判らないことがあったときは、まず先生の『民事執行法（現代法律学全集）』を開いてみよと指導した。事件処理で難問に出会ったとき、しばしば解決の手掛かりを得た実務家は多いはずである。私事を付言させていただくと、事件処理に関する東京地裁所属部の見解をまとめた拙文（「代替執行手続における執行停止」判タ一九六号五六頁）に関し、思いがけず激励の書簡を、先生の論文集とともにお送りくださった。以来、折にふれて著書を恵贈いただいたし、司法研修所の判事補研究のセミナーでは、

直接ご指導も受けた。先生は、私も最も尊敬する学者のお一人である。

③　倉田さんの友人は極めて多い。そのうち、若干の方を挙げさせていただくと、日ごろのお話から推測し、まず同期の勝見嘉美さん（元名古屋高裁長官）を挙げることになろうと思う（倉田さんは、この勝見さんだけは、常に敬称をまったく省略される。戦後史一三六頁）。裁判官退官後、公害等調整委員長に就任されたが、倉田さんは事務所が近いので、よく勝見さんを訪問された。幸い私の勤務先（裁判官訴追委員会）もごく近かったので、声がかかり、勝見さんに引き合わせてくださった。何度か同行させていただいたが、「肝胆相照らす」というのはこのお二人のような関係を言うのだろうかと思ったものである。勝見さんは、大胆な発想とともに緻密さを併せ持つお人柄だと思うが、後者の関係で強く記憶に残ることがある。部内誌である雑誌「法曹」に各庁回り持ちで地方の裁判所等を紹介する欄があり、平成七年富山地家裁勤務中、大伴家持の詠んだ越中の歌を引用したことがある（「立山に降り置ける雪を常夏に見れども飽かず神からならし」。法曹五四三号二二頁）。周知のように、家持は越中の若き国守で、万葉集に収録されている同人の四七二首のうち、越中在任の五年間に詠んだ歌は二二十余首にも及んでいる。ところが、勝見さんから、前記引用の歌につき、用語が一字欠落していることを指摘した書簡を頂戴したのである。確かにご指摘のとおりであり、恐縮し、かつ感謝して法曹会に訂正をお願いしたのである。

倉田さんの親友の二人目として挙げるべき人は、やはり同期である鈴木潔さん（元東京高裁部総括判事）であろう。倉田さんも言われるように、鈴木さんは親身になって知人の世話をされ、頼りになる人であった。お二人は親交があり、やはり敬称はお互いにほぼ省略されていた（続書斎三二四頁）。我々後輩に対する指導にも熱心で、かつ企画力、実行力を備え、後進から慕われていた。昭和四七年当時、鈴木さんが裁判長である東京地裁民事第九部（保全部）と宮脇幸彦さん（後学習院大学法学部長）が裁判長で私が陪席をしていた民事第二一部（執行部）との事務打合せを兼ねた研究会が何回か開かれたことがある。研究会の当日には、しばしば慰労会をしてくださった。確か、エスカルゴという当時私には馴染みのない珍味をおごってもらったときだったと思うが、鈴木さんは、「仕事が一区切りして、たまにテレビを見ているときでも、一瞬、こんなにのんびりしていていいのだろうかと思うことがあるよ。因果な商売だが、満足だね。」と語られた。大方の裁判官の思いであろう。

上述した宮脇幸彦さんも、倉田さんの同期で親友のお一人だった（続々書斎三五一頁）。同じ時期、倉田さんが長野地家裁飯田支部に、宮脇さんが同諏訪支部に異動され、家族ぐるみの親交が深まったようだ。倉田裁判長に連れられ宮脇さんのお宅を訪問した際、奥様を含め和やかな雰囲気に接し、その後同期の家族同士で交流する際のお手本にさせていただいている。昭和四七年、私は『注解強制執行法』（第一法規）中の「照査」（旧民訴法五八六条）の執筆を割り当てられ苦労していたが、可哀想に思われたのであろう、自著の『強制執行法各論』（法律学全集）の関係個所の校正段階のコピーをくださった。当該事項につきこれほど詳細、周到な記述のされた文献は初めて拝見した。この執筆態度は、例えば「強制執行における平等主義と優先主義」『民事法の諸問題Ⅳ』三二〇頁など、すべての論文に共通している。起案を提出すると、まずドイツのコンメンタールと赤ペンを取り出し、楽しそうに添削を開始されたが、法務省民事局参事官として立法に関与されたことから、用語の使用は極めて厳格だった。

井口牧郎さん（元名古屋高裁長官）は、司法研修所では倉田さんの一期上だが、高校（旧制）時代以来親交があったようだ（続戦後史九九頁）。昭和四七年春、ごく短期間だったが、既述のように私は井口さんの右陪席裁判官をさせていただいた。その当時、倉田さんが刊行したばかりの前記ローゼンベルク『証明責任論』の翻訳書を井口さんのところに献呈のため持参され、親しく会話されていたのが印象深い。井口裁判長の陪席に発令される少し前、週刊誌『サンデー毎日』誌上に、「東大法学部を一番で出た男達」という特集があり、井口さんが掲載された。倉田さんによれば、井口さんは、司法試験も二回試験もトップの成績だったとのことだ（続戦後史一〇〇頁）が、確かに、合議をはじめお話を拝聴するたびに頭の良さが実感された。ところで、あれほど秀才の井口さんが、事件処理でも、司法行政に関わることでも、すべてに念を入れて事前に周到、完璧な準備をされるのである。井口裁判長から、対外的交渉のため、他庁へ出張を命ぜられたことがあった。当然のことかもしれないが、その際、井口さんは、交渉の相手方の態度をごく細部まで想定したうえで、それらに対する当方の対応をいく通りか示された。ご指示のお蔭で、出張した目的を予定どおり達成し、その旨の報告ができたのだが、改めて、卓越した才能を備えつつも、完璧を追求される井口さんの生き方に、凡庸な私は最良のご教示をいただいたのである。なお、個人的な付言を許していただくと、平成七年六月、かつて私が新潟地家裁在勤中に同所長として公私ともに多くのご指導をいただいた新関勝芳さん（後大阪高裁長官。本書二三四頁）の告別式が営まれた際に、井口さんが親戚代表として述べられる予定の弔辞を、新関さんから前記親しくご指導をいただいた関係および井口裁判長の元陪席であった関係からか、井口さんのご都合により、急遽私が代読させていただいたことがあるが、誠に光栄に思っている。

賀集唱さん（元東京高裁部総括判事）は、倉田さんの一期後輩だが、その手堅い仕事ぶりから倉田さんの信頼が篤かった。「彼に頼んでおけば万事安心だ」と言われたことを何度も聞いている。昭和四〇年秋から、私は神宮前の裁判所宿舎に入居できたが、賀集さんが同じ階段の向いに居住されていて、公私ともに多くのご指導をいただいた。賀集さんは近くに書斎用の部屋を借り、いつもそこで夜遅くまで仕事をされた。遅い時間に、玄関で帰宅を告げる声が聞こえると、あれほどの秀才でも頑張られるのだ、と自分に言い聞かせたものである（とても真似できなかったけれども）。

◇

理想の裁判官像

既述のように、西村宏一さんは、裁判実務の精進、実務に根を下ろした法学研究、後輩の指導育成の三つを備えるのは法曹人の理想像だとされる（「村松俊夫先生を偲ぶ特集について」判タ六三〇号七五頁、本書九三頁）。これまでに見てきたように、倉田さんは、裁判の仕事に全力投球し、多くの先例的判決と執務上有益な工夫をし、実務を指導する有益な理論を公にし、かつ広く後進を指導された。倉田さんが、理想の裁判官に相応しい人であることは明らかである。

◇

米寿祝賀会

倉田さんは、平成二二年（二〇一〇）一月二〇日米寿の誕生日を迎えられた。かつて、倉田さんからご指導いただいた東京地裁民事第二七部および同第一三部の元陪席裁判官たちは、すでに平成四年に倉田さんの叙勲祝いを兼ねた「古稀」祝賀会を上野で、同一一年に「喜寿」祝賀会を赤坂で開催した。これに倣い、米寿を祝う会は、誕生日より遅れたけれども、同二二年七月に日比谷松本楼で開催された。

倉田さんご夫妻、およびお世話役として、お嬢様が出席され、また中野貞一郎先生はじめ倉田さんと親交ある方々も遠路出席してくださるなど二十余人からなる和やかな良き会合となった。終わり近くなって、倉田さんが感謝の言葉を述べた後、思いがけず、あの三国志で有名な赤壁の戦い（二〇八年）を詠んだ「壬戌（じんじゅつ）の秋……」から始まり「……東方のすでに白むを知らず」までの難解な「前赤壁の賦」（一〇八二年宋国蘇軾作）を暗誦されたのである。途中で暗誦に詰まったらお嬢様に補佐してもらうとの前置きだったが、滞ることはなかった。暗誦が終わったときは、一同呆然とし、倉田さんの変わらぬ強靭な記憶力に改めて驚嘆をした。倉田さんは、ここでも完璧を追求し全力投球する範を示されたのである。お嬢様のお話によると、参会者に披露するのだと言って、お嬢様相手に熱心に予習してくださったようだ。祝賀会終了後、幹事たちで「我々後進に対し、さらなる精進を促されたようだな。」と語り合ったのである。

帰宅後、自分でも一部を暗誦できないか試みてみた。だが、初めて見る古い漢字および難解な読み方・文体の文章が続き、暗誦は諦めることにした。それにしても計算してみると、六〇行、一行平均一六字、計約一〇〇〇字もの難解な文章を、米寿に達しても暗誦できる倉田さんの記憶力に尊敬の念を新たにしたのである。「博覧強記」という言葉は倉田さんのためにあるのかもしれない。

祝賀会後、倉田さんから、「八〇歳台の終わり近い年ごろになって、六〇歳台の陪席諸君に米寿を祝ってもらうとは、まるで夢のようです」というお便りをいただいた。ご家族皆様が、この祝賀会を随分喜んでくださった。誠に嬉しいことである。

平成二三年六月、倉田さんを敬愛する友人、後進の人たちにより倉田さんのご功績と卓越した才能を讃えた特集号が刊行されている（前掲判タ一三四五号）。

むすび

望ましい裁判官像

これまでに、直接ご指導をいただいた中村治朗さん、近藤完爾さん、岩松三郎さん、内藤頼博さん、岡垣学さん、安岡満彦さん、西村宏一さん、菊井維大さん、村松俊夫さん、田尾桃二さん、松田二郎さん、鈴木忠一さん、小松正富さん、倉田卓次さん、および間接にご指導をいただいた小林健治さん、吉田久さんら、我々の世代の者たちが仰ぎ見た、優れたよき先輩裁判官、法曹の言動について見てきたのだが、考えてみると、それは望ましい裁判官像についての探求でもあったように思われる。

裁判官ないし法曹の理想像またはその望ましい姿とはいったいどのようなものであろうか。これについては、周知のように古くから多く語られ、その説かれる内容も時代とともに変遷してきているようだ（斎藤秀夫『裁判官論増補三版』一粒社）。

比較的近時について見ると、司法制度改革に関連した議論の過程で、望ましい裁判官像ないし法曹像について、さまざまな意見が述べられている。年代的にやや遡るが、昭和三七年（一九六二）設置の臨時司法制度調査会会長の我妻栄東京大学教授は、裁判官のあるべき姿として、公平であって偏跛でないこと（具体的には、私利私欲による不正をしない、時の政治権力および一部の社会的な力に影響されない）、および適切な裁判をすること（具体的には、法の精神を理解し表面的解釈適用をしない、一般的教養と複雑な社会の生活体験をもつこと）だ、と述べられる（大内兵衛＝我妻栄『日本の裁判制度』岩波書店三五頁、四八頁）。また、昭和五二年日本法律家協会の法曹倫理研究委員会は、裁判官倫理の基準原則として、裁判官の義務を挙げ（法の支配三二号五三頁）、司法制度改革審議会は、既述の平成一二年一一月二〇日の中間報告で、「裁判官は、豊かな人間性、感受性、幅広い教養と専門知識、柔軟な思考力を備えている」ことが望ましいとし（一一頁）、平成一四年七月最高裁事務総局の「裁判官の人事評価の在り方に関する研究会」の報告書は、裁判官としての一般的資質・能力の評価に関する視点について列記している。また、米国のエドワード・J・デヴィットという裁判官だった人が一九七六年に提唱したという「新任裁判官のための十戒」もよく紹介されている（法曹一五〇号、石井彦寿・法の支配一四六号）。そして、身近なところで、西村宏一さんは、裁判実務での精進、実務に根を下ろした法学研究、後輩の指導育成の三つを備えることが法曹人の理想像だと説き（本書九三頁）、中村治朗さん（本書二頁）は、「裁判官の理想像をもとめて」の説明として、裁判官に求められる能力ないし資質として、分析能力、法を広く深く見る眼を持つ、バランス感覚と方向感覚を挙げられる（前掲『裁判の世界を生きて』四二三頁）。

裁判官の独立と良心

周知のように、権力の濫用を防ぎ、主権者である国民の権利を擁護するために、近代民主国家が採用している権力分立の制度を、日本国憲法も採用したうえで、司法権について、「裁判官は良心に従い独立して職権を行」う、と宣言している（七六条）が、これは現代における司法の理想を示していると言ってよい。ここに裁判官の職権の「独立」とは、国家機関を含む他の何ものからも干渉・影響を受けないことを言い、また裁判官の「良心」とは、右の外部的独立に対するものとして職権行使にあたっての精神的内面的独立を意味し、恣意を排し公正無私を信念とする職務上の良心（客観的良心。なお本書一九頁）であって、裁判官の個人としての信条、世界観、道徳心（主観的良心）を指すものではない、と一般に説かれている（兼子一＝竹下守夫『裁判法〈第四版〉』有斐閣一一〇頁、野中俊彦ほか『憲法Ⅱ〈第四版〉』有斐閣二三一頁）。判例も「裁判官が良心に従うというのは、裁判官が有形無形の外部の壓迫乃至誘惑に屈しないで自己内心の良識と道徳感に従うの意味である。」（最判昭和二三年一一月一七日刑集二巻一二号一五六五頁）としている。

すでに見た優れた先輩裁判官たちは、いずれも強靭な「プロ意識」に徹しておられたが、プロ意識の徹底とは、「裁判官の良心と独立」の徹底にほかならないと思われ、これが先輩たちの探求されていた望ましい裁判官像であると言ってよいように考えられる。外的、または内面的に何らかの影響を受けた裁判は、もはや良心に従った独立した裁判とは言えない。

ところで、最近、裁判の独立と良心に関連し、第二次大戦当時日本国と同盟関係にあったナチス・ドイツにおける「人民法廷」につき詳述した書物が刊行された（ヘルムート・オルトナー『ヒトラーの裁判官フライスラー』平成二九年〈二〇一七〉白水社）。周知のようにナチス・ドイツ（一九三三〜一九四五）

は、その発足の翌年（一九三四）に、国家反逆行為などの処罰を担う裁判所である「人民法廷」を創設した。同裁判所の目的は「国家社会主義の敵を抹殺する」ことにある、と同法廷の裁判官も述べているように、国家・団体の利益を第一とするナチスの一党独裁・団体主義の法支配と一体化した運用が行われ、人民法廷の存続期間（一九三四〜一九四五）中に、ナチスに抵抗、反対した人たちに対し五二四三件に達する死刑判決が行われたとされているが、その大部分は二代目長官である上記フライスラーが在任中の二年余の間（一九四二年八月〜一九四五年二月。同人は連合軍のベルリン空爆で死去）に宣告されたものである。同人は、就任直後、ヒトラー総統に対し「閣下のお考えに沿う判決を下すよう絶えず努力する」旨の書簡を送り、忠実に実践したが、他の多くの裁判官もナチスの方針に同調した判決をしたのである。同書は、フライスラーの狂信的とも言うべき言動と判決文一〇例を紹介しているが、その判決中には、市民（女性）の一人が、ヒトラー総統暗殺未遂事件のラジオ放送を聴いた際に、「ついてなかったわね……」と述べたことが国家反逆罪に当たるとして死刑を宣告された例（同書一九頁。ただし、ドイツの敗北により、際どく死刑執行を免れた）などおよそ理解困難な裁判が列記されている。

だが、同書が記述する事実は異国における特異な事例だ、とは言い切れないようだ。日本でも、澤田竹治郎さん（当時行政裁判所勤務、後最高裁判事）の説明によれば、敗戦の年（昭和二〇年〈一九四五〉）の四月ころに、町内で「この戦争は負けるぞ、陸軍や海軍の連中が……、何時まで経っても戦争をやめぬ」と言ったところ（このころ、巷間では「戦争に負ける」との発言は珍しくはなかった）、同月身柄を拘束され、長期間勾留されたうえ、同年七月に流言飛語罪（陸・海軍刑法九九条）で「禁錮三月、執行猶予三年」の有罪判決を受け、敗戦後の同年一一月に大審院が免訴の判決をしたという、上記ドイツの場合と酷似した事実があるのである（ジュリスト五三七号一〇三頁、清永聡・前掲書一四四頁）。また冤罪だとの批判がある大逆事件を例に見ると、明治四三年（一九一〇）に、天皇らに危害を加えようとしたとする同事件（刑法七三条）において、大審院は、傍聴禁止、証人なしで審理を急ぎ、起訴後一年足らずで、被告人二四人全員に死刑を宣告し、うち一二人は判決翌日恩赦で無期懲役、うち一二人は数日内に死刑執行をされている（法学セミナー一九七〇年一二月号九七頁、岩波現代文庫、『平沼騏一郎回顧録』学陽書房）など、裁判官の良心、裁判の独立尊重の見地から見るとき、かって政府に協力的な、問題のある裁判が多く行われたのではないかとの指摘（一六一頁）もあるのである。私たちは、これらの事実を深く心に刻むべきだと思うのである。

たゆまぬ精進

先に見た尊敬すべき先人裁判官たちは、既述のように、裁判を行うプロとして、独立して良心に従い完璧なよき裁判を追求されたが、そのために常に鍛錬・研鑽を心がけられた。強い精神力、広範・高度な学識、客観的で深い世界観、優れた人間性を十分に備えながらも、さらにその充実のために不断の精進を重ねられたのを、私どもは目の当たりにしたのである。そして、既述のように、後進に対しことあるごとに、幅広くかつ深い鍛錬・研鑽をするよう説かれたのである。

昭和四七年（一九七二）三月に、東京在勤の司法研修所同期（第一四期）生で会合を開いたことがある。同年四月には、判事補任官から一〇年が経過し判事に任用されることが予測されることから、判事補時代のことを語り合うという目的だった。順次発言をしたのだが、私の順番のときに「よき裁判長の指導を受ける機会が多かったようでよかったな。」と喜んでくれる発言があったところ、すぐに「頑固で可塑性のない男を人並みに教育するには我慢強い裁判長でないと無理だからな。裁判所も随分苦労したものだよ。」との発言が出て、確かにそうだと思ったのである。

これまでに、優れた人格、識見を備えた魅力的な先輩法曹たちに出会い、親しくご指導いただいたことに心から感謝している。

先生を知り申せるは……

先輩のお一人である田尾桃二さん（本書一〇三頁）は、松田二郎さん、鈴木忠一さんを深く敬慕され、「松田先生や鈴木先生を思うたびに、窪田空穂がその師植村正久について詠んだ

先生を知り申せるはこの吾の生涯のうえの大きことなりき

という歌を思い起こす」と、その心情を述べられる（田尾「落合京太郎歌集と松田二郎判事」法曹五〇三号一一頁）。右の田尾さんの文章を拝読して、私は初めてこの心打たれる歌の存在を教わったのだが、大変僭越だけれども、すでに見た尊敬する先輩法曹たちに対して、田尾さんのお言葉と同じ気持ちを、強く抱くのである。

二　裁判所あれこれ

1　裁判所あれこれ――合議を中心に

(1)　はじめに

現在、私たちは、法律学の基礎的理論について、学生と一緒に勉強しているわけでありますが、周知のように、法は裁判規範として最終的に裁判により実現される（団藤重光『法学の基礎』〈改訂〉有斐閣五二頁、一四二頁）とされているところであります。

それゆえ、私たちは、日ごろ学習している法が実現される場としての裁判所とは具体的にどのようなところなのか、またその実現はいったいどのようにして行われるのかということについて、強い関心を寄せているところであります。

昭和三七年（一九六二）に、私は、裁判官に採用され本年（平成一一年）七月に定年退官しましたが、その間、裁判所から、法務省訟務局と国会の裁判官訴追委員会というところに派遣された数年間を除き、ずっと裁判所に勤務しました。

そこで、本日は、いわば法律に関する「臨床現場」とも言うべき、裁判所ないし裁判について、また裁判については合議を中心にお話し申し上げて、ご参考に供したいと思うのであります。

(2)　裁判所の構成

判事と判事補

先に、法の実現は裁判所の仕事だと申しましたが、このような仕事、言い換えると裁判の仕事を担当しているのは、裁判官であって、それは、おおまかに言って、判事、判事補、簡易裁判所判事に分かれているのはご承知のところであります（裁判所法五条）。便宜、裁判所のうちでも、最も多くの訴訟事件を取り扱っている地方裁判所の構成員である判事と判事補について見てまいりますが、まず司法研修所の修習を修了した者が判事補に採用され（同法四三条）、判事補一〇年の経験を重ねると判事に任命されることになります（同法四二条、四三条）。したがって、判事補は、まだ経験が十分ではありませんから、裁判のうち決定と命令という内容的に軽度なものは一人（単独）でも行うことができますが、判決という内容的に重大なものは単独ですることは許されません（同法二七条、民事訴訟法一二三条）。ただ「判事補の職権の特例等に関する法律」というものがあり、特例として、判事補五年の経験を積み、最高裁判所が指名をするときは、身分は判事補のままですが、判事の仕事をすることができます（一条。この指名を受けた判事補を「特例判事補」と称しています）。判事補経験五年のほとんどの人につき、この特例判事補の指名が行われているのが実情であると言ってよいと思いますが、判事補自身、任官後は、合議体の構成員の一員として精進していることは後に見るとおりです。

合議制と単独制——左大臣と右大臣

裁判所は、裁判所を構成する裁判官が一人である単独体（単独制）と、構成する裁判官が複数（三人以上）である合議体（合議制）とに分かれます（裁判所法二六条など）。高等裁判所と地方裁判所には部（例えば第二部など）が置かれていますが、部というのは合議体からなっています（下級裁判所事務処理規則四条。合議制と単独制については、岩松三郎「民事裁判における合議」司法研修所資料一三号、最高裁判所「民事裁判における合議制と単独制」法曹時報八巻二号六一頁、同・裁判所法逐条解説上二〇三頁、兼子一＝竹下守夫『裁判法四版』有斐閣三〇四頁参照）。

一般的に言って、単独体の裁判所の場合は、迅速に仕事を処理することができ、かつ少人数の裁判官で足りるという長所がありますが、合議制の場合は、複数の裁判官が相互に知識、経験を補充し合い、客観的・合理的な審理、判断が期待できるという長所があり、当事者から信頼も得られていると考えられます。

したがって、より慎重な審理、判断が要請される事件（例えば、上訴審）、事実認定が微妙ないし難しい事件（例えば、薬害、大気汚染などの公害事件）、内容が膨大（名古屋高裁では、事件記録が約四〇〇冊で一八万余頁〈ロッカー八個分〉の損害賠償請求事件がありました）、また当事者多数（札幌高裁では、当事者約四〇〇〇人の懲戒処分取消請求事件がありました）などのため手続上困難が伴う事件（法廷の秩序維持のため、

司法研修所（紀尾井町校舎昭和35年〈1960〉当時）

法廷等の秩序維持に関する法律または裁判所法七一条などで、監置とか退廷命令を発することも余儀なくされることがあります。私も、何回か、退廷命令を発し、執行したことがあります）、難しい法律判断（裁判実務においてはしばしばあります）または違憲判断（当事者からの違憲の主張はたくさんありますが、率直に言って実のあるものはそれほど多くはないといってよいように思います）を伴う事件などは、通常合議体によって審理、判決されています。

裁判所法によれば、①簡易裁判所が単独制によっており、②上訴審は合議制によっていますが、③地方裁判所と家庭裁判所は単独制を原則とし、法律が特に定めている事件（これを「法定合議事件」と称しています）、または裁判所が特に合議体で審理することに決めた事件（これを「裁定合議事件」と称しています）などを合議制で処理することとしています（裁判所法二六条、三一条の四、三五条）。

↑右近の橘　　紫宸殿（御所）　　↑左近の桜

家庭裁判所の合議制は平成一二年法律一四二号により採用されたものです。

　地方裁判所では、合議体としての裁判所を構成する裁判官の員数は三人です（裁判所法二六条。原則として、高等裁判所も三人、最高裁判所小法廷は五人。同法九条、一八条）。その場合、経験が十分と言えない判事補は合議体三人の裁判官のうちに二人加わることはできず、判事のうちの一人が裁判長になります（同法二六条、二七条）。裁判長以外の二人の裁判官は陪席裁判官と言われますが、経験の豊かさなどの度合いに応じて、上席の裁判官を右陪席裁判官（法廷では、中央の裁判長自身から見て右側に着席）、次位者を左陪席裁判官（裁判長から見て左側に着席）と称しています。通常は右陪席裁判官は判事（前述の特例判事補のこともあります）が、左陪席裁判官は判事補がなるのが一般です。

　ちなみに、奈良、平安時代のころには、左大臣、右大臣という官職があり、明治初期にも一時期設けられたようですが、左大臣が右大臣よりも上位であるとされており、また、紫宸殿の南階下東方に植えられた桜が「左近の桜」、西方に植えられた橘が「右近の橘」と称されております。したがって、当時は、左右についての見方は裁判所と同じだったようですけれども、左大臣が上位だった点が裁判所と異なることになります。もっとも、「右に出ずる者なし」という古諺もあるように、漢代には右の席を上位とした由ですから、時代や場所により一律には言えないのかもしれません（本講演後の質疑の際に、欧米での大使の経験の長い複数の会員から、西欧では一般に右が上席として扱われている旨の説明があった）。

このことに関連して、思い出すことがあります。今から二〇年くらい前の札幌高等裁判所に勤務当時、裁判長が不在のため、右陪席裁判官であった私が臨時に裁判長になり、順次繰り上げて左陪席裁判官は他の合議体から手伝いに来てもらったことがありました（この裁判官を「塡補裁判官」と称しています）。ところが、法廷で、よく訴訟を起こすことで有名な訴訟当事者本人（我が国では、弁護士強制が採用されていないから、弁護士に頼まなくとも、自分で訴訟遂行ができます。これを「本人訴訟」と言っています）が、審理を開始したとたんに、「左陪席裁判官を忌避します。」と発言したのです。忌避というのは事件を担当する裁判官に公正な裁判が期待できない事情があるときは、訴訟当事者は、その裁判官を事件の審理から除外するように要求することができる制度なのです（民事訴訟法二四条）。そこで代理裁判長の私が、その理由をたずねたのですがはっきりしないので、「左陪席裁判官は、本日初めてこの事件に関与した塡補裁判官で、あなたと初めて顔を合わせたのだが、不公平な裁判をするかどうか具体的事情を説明してください。」と言ったところ、「それでは今の忌避申立を取り下げます。」と述べたのです。審理を終わって裁判宮室に戻ったところ、陪席の裁判官から、「考えてみると、左陪席裁判官を忌避すると述べたのは、当事者本人から見て左側の陪席裁判官、言い換えると右陪席裁判官を忌避すると述べたのではないですか。そうすると普段は右陪席裁判官の渋川さんが忌避されたことになりますが。」と言われ、もしそうだとしたら申し訳ないことをしたと思った次第でありました。ただ、右に述べたように、忌避の理由が再三聞いてもはっきりしないし、私自身以前からも忌避事由に該当する言動もしていませんので、ただ適当に忌避の申立てをしてみただけなのではないかという結論になりました。ちなみに、忌避の申立てについては、重要な問題ですので、合議体の裁判所で慎重に審理をします（民事訴訟法二五条）が、平成三年に横浜地裁小田原支部で申立てが肯定された例があるくらいだと思います（西野喜一・自由と正義四三巻六号一二〇頁）。

裁判所を構成する陪席裁判官のことで、やや脱線してしまいましたが、前に見たように、判事補は、少なくとも五年間経験を積むまでは単独体で判決できませんし、やはり経験が十分とは言えません。そこで、合議体の構成員に加わってもらい、原則として判事になるまでの一〇年間、合議を通してひたすら切磋琢磨することになります。それは事実の認定、法律の解釈適用についてはもちろん、文章の書き方、用語の使い方に至るまで合議を通じて指導を受けるほか、さらに、折にふれて倫理面までも先輩の日ごろの言動を通じて無形の感化を受けることになります。

合議というのは、前記のように法の実現過程における合理化客観化という意義とともにさらに後進裁判官の鍛錬という面からは、いわば「揺り籃《かご》」のような意義をもっていると思われます。私も判事補時代にこの揺り籃により陪席裁判官として多くのことを先輩から教わりました。ただし、そのわりには成長が遅く、指導していただいた先輩に申し訳なく思っているところです。

(3) 合　議

評議と評決

裁判所がする仕事は裁判をすることですが、判決は、原則的には、大前提（例えば、故意または過失により他人の権利を侵害した者は、これによって生じた損害賠償をしなければならない〈民法七〇九条〉）としての法の解釈、小前提としての事実の認定（被告〈相手方〉は、前方不注視で原告の自動車に追突し、修理代百万円相当の損害を被らせた）、結論としての法の適用（よって被告は原告に対し百万円を支払え）といういわゆる判決三段論法の方法（団藤重光・前掲『法学の基礎』二一三頁、岩松三郎・前掲「民事裁判における合議」一頁、兼子＝竹下・前掲『裁判法』一一二頁参照）により行われ、それが判決書に示されます。

民事訴訟においては、判決の言渡しは裁判官が署名押印した判決書（これを判決書の「原本」と言います）に基づいて行われるよう決められているので（民事訴訟法二五二条）、判決の言渡しの時には判決書の原本ができあがっていること、したがってその前提として判決の内容が確定している必要があります（ちなみに、刑事訴訟では判決書の原本の作成が言渡しの前提になっておりません。刑事訴訟法三四二条、同規則三五条）。

合議体で裁判する場合を考えますと、裁判所を構成する複数の裁判官の意思を、合議体としての一つの意思に形成する必要が生じてきます。これが「合議」と言われるもので、「評議」と「評決」からなり（裁判所法七五条ないし七七条）、評議とは評決に至る討論であり、評決とは「議決」と内容的に同じであるとされています。この評議と評決、すなわち合議によって、構成員である各裁判官のいわば主観的認識が、一つの合議体の客観性ある認識に形成されてゆき、それが判決書に表現されるという順序になるわけです（合議については、岩松三郎前掲「民事裁判における合議」一頁、最高裁判所『裁判所法逐条解説下巻』七一頁）。

そこで合議の手順について見ることにしましょう。まず判決を行うのは、最後の口頭弁論（これを「基本となる口頭弁論」と言います。民事訴訟法二四九条）期日の審理に関与した裁判所であり、合議の手続は合議体の裁判官のうち裁判長が主宰します（裁判所法七五条）。

評議の対象は、前記判決三段論法の対象となるすべての事項、すなわち法律の解釈、証拠の評価、事実の認定、法律を適用した結果得られる判決の結論である主文に至るまで、論理的順序に従って行われます。その場合の指標となるのが、実務では、民法、商法などの実体法（権利義務の発生要件などにつき定めた法）の規定する法律要件（前記判決三段論法中の「大前提」）でありまして、訴訟当事者は、これと、それに該当する要件事実を主張し、立証しなければ訴訟において不利益を受けることになります。このような見解を主張責任・立証責任における「法律要件分類説」と言い、通説、判例であることはご承知のとおりであります。司法研修所でもこれにより教育をされています。

先ほども述べたように、評議は構成員の討論により合議体としての意思を形成するものですから、構成員全員が意見を述べる義務があり（裁判所法七六条）、かつ全員同席し、意見を交換することを要します。したがって、実務の運用では、たまたま同席している一部（例えば二人）の構成員たる裁判官だけで討論することがありますが、これは合議体による評議の準備行為にとどまりますし、一部の構成員たる主任裁判官が、あらかじめ判決書の草稿を作成することもありますが、これも、一つの準備行為であり、さらにこの草稿を土台として、構成員全員で討論を行うから、それは合議を書面で行ったものでないことはもちろんです。

評議で意見を述べる順序につき、裁判所法施行と同時に廃止された戦前の裁判所構成法は「官等ノ最モ低キ者ヲ始トシ、裁判長ヲ終トス。官等同キトキハ年少ノ者ヲ始トシ」としていました（同法一二二条）が、現行法上は規定がありません。実務の実際では、主任裁判官の意見を最初とし、裁判長の意見は最後にするのが一般です。ただし、討論がたけなわになると入り乱れてくるのは当然であります。

評決は、過半数の裁判官の意見によることになっています（裁判所法七七条）。このように合議体の構成員たる裁判官については、長い経験を積んだ裁判長と経験の浅い左陪席の判事補の権限が同等に扱われていますが、憲法七六条が規定する裁判官の職務の独立に由来するものであって当然のことと言えます。この点が、内部で討議を尽くしても、最終的には、トップの権限と責任で決定をする一般行政庁の場合とは異なりますし（確か、米国のリンカーン大統領だったと思いますが、閣議の際に、大統領以外の全員が反対したところ「賛成一、反対一〇〈?〉で、可決されました。」と宣言したという有名な話を聞いたことがありますが、このことを物語るものです）、学校の演習における先生と生徒のように、専門家と素人で、しかも教える者と教わる者との関係とも異なります。ただ、裁判所の合議体の構成員の権限は平等だと言っても、現実には、長い経験と精進を積み重ねてきた裁判長と、陪席裁判官との間には、討論における説得力に自ずから格段の差があるのは当然であります。陪席裁判官は、横綱の胸を借りるような気持ちで、裁判長に対し何度も論戦を挑むのが通常です。そして合議の実務においては、評議を尽くすことにより結局意見の一致をみるのがほとんどで、評決にまで至ることはめったにないと言うことができます。合議において、意見の対立は日常的というほどしばしばありますが、評決で決着した経験は私にはありません。なお、余談ですが、死刑判決と違憲判決をする機会もありませんでした。

評議の方法については見解が分かれています。評議は結論について行うべきだとする考えと、理由について行うべきだとする考えです。例えば、貸金返還請求訴訟の審理で、合議体の裁判官の一人が貸金契約（民法五八七条）の成立自体を否定し、他の一人が返済（同法四七四条）を認め、さらに他の一人は消滅時効（同法一六七条）を認めたとすると、三人の裁判官とも結論において原告敗訴（請求棄却）ですが、右契約の成否、弁済、時効の各意見は評議の結果順次多数意見に従い原告勝訴（請求認容）の結論ということになります。合議は、各裁判官の個人的な結論の集計ではなく、判決の結論に至るまで論理的順序に従って行い、個人的要素を捨象することに基づくものだから後者の考えのようになるとされています（岩松・前掲書一七頁、兼子＝竹下・前掲『裁判法』三〇七頁）。しかし、合議を徹底することにより、実際はそのように意見が分かれることはなく、私も経験したことはありません。

また、同様に、合議は判決の結論に至るまで論理的順序に従って行われるから、合議体の構成員である裁判官は、ある事項につき、自己の意見が少数で通らなかったときでも、多数意見を前提とする次の事項についての評議、評決を拒むことはできません（裁判所法七六条、七七条）。例えば、前記の貸金契約の存在が認められないと判断したとしても、合議の結果、契約の存在が肯定されたとすれば、その存在を前提として次の事項である弁済について評議に進まなければなりません。

数額（数字、金額）について、構成員たる裁判官の意見が分かれ、いずれも過半数に達しないときはどうするのでしょうか。これについては裁判所法が「過半数になるまで最も多額の意見の数を順次少額の意見の数に加え、その中で最も少額の意見」によるとしています（七七条）。例えば、損害賠償請求訴訟で、三人の裁判官の損害額についての意見が一〇〇万円、八〇万円、五〇万円に分かれたときは、最も多額である一〇〇万円の意見を次順位の八〇万円の意見に加えると、それが過半数になるから、八〇万円が裁判所の意見になります。ちなみに、同条は、刑事事件の刑の量定についても「過半数になるまで被告人に最も不利な意見の数を順次利益な意見の数に加え、その中で最も利益な意見」によると規定していますので、それによると、裁判官三人の意見が懲役一〇年、八年、五年の刑が相当だとしたときは、一〇年を八年に加えるとこれが過半数になるので、懲役八年が裁判所の意見ということになります。

右の場合、裁判官が三人なので、いずれも中間の数額になりましたが、最高裁判所の場合など裁判官の人数が異なるときには違ってくることがあります。また、数額についての評決ということも、評議を徹底しますので、実際はまずないといってよいと思います。

そして、合議においては、自由な討論による意思形成が行われるために、評議の秘密（評議は公開せず、評議の経過、各裁判官の意見、その数についての多少は秘密）が保障されています（裁判所法七五条）。その意味で、法廷内における合議の際に、当事者に聞こえるほどの大声で、またはうなずくなどの動作ですることはいけないとされています。法廷で審理中のときは、ごく簡単な合議は法廷で、それ以外の合議は、退廷して法廷脇の合議室で行うのが通例です。

合議と裁判官の良心・裁判の独立

裁判官は良心に従い独立して裁判を行うことになっている（憲法七六条三項）のだから、前記のように合議において自己の意見が容れられない場合でも、その判決の成立に加わることは、右の裁判官の良心・独立の定めに反することにならないでしょうか。合議は、裁判官が常に良心に従い独立して意見を交わすことを基礎とし、これに基づき知識経験を補完して、合議体としての裁判所の客観的な一つの意思にまとめ上げる仕組みであって、裁判官の良心・独立に抵触することはないと考えられており、世界各国でも合議制につき多くの信用が得られています。

ところで、最近、死刑の確定判決に対する再審申立事件について再審開始の裁判があったようですが（静岡地裁決定平成二六年三月二七日判時二二三五号一一三頁）、確定判決をした合議体の元構成員であって、すでに退職したという元裁判官が、「合議の際に、自分は被告人が犯行を行ったとの事実認定に反対した。」旨を公表したとのニュースが報じられました。

この発言には、二つの問題があるように思います。まず、前記評議の秘密の定め（裁判所法七五条）に違反することが明らかです。だが、一般職国家公務員（国家公務員法一〇〇条）と異なり、評議の秘密違反行為に罰則の定め、および退職後の秘密遵守義務の定めはいずれもありませんし、また在官中なら懲戒（裁判所法四九条）または罷免（裁判官弾劾法二条）の事由になりうるのですが、退職しているのでこれを行うのも無理ということになります。上述のように評議の秘密規定の制定趣旨が、裁判官の合議における自由な発言を保障することにあり、裁判の威信を守ることではないとされていますが、合議は、国民の裁判に対する信用に深く関わるものですから、その内容を公表する前記の発言は相当ではないと思います。次に、前記のように、合議体の裁判では、構成員である裁判官の個々の意思を合議体としての一つの客観的な意思にまとめる必要があり、その手順である合議の方法は法定されている（裁判所法七五条以下）わけですから、右の元裁判官の合議体でも、この規定により、当然各裁判官が良心に従い独立して意見を述べ、論理的順序に従って合議が行われて死刑の結論に到達したものと思われます。ただ、同刑事事件の被告人が犯行を行ったか否かの事実認定については、同元裁判官の意見は評決において少数（同法七七条一項）であったものと推測されます。合議と裁判官の良心・独立の関係は、前記のように難しい問題ですが、合議の多数意見が、少数意見の裁判官にとり良心・独立に反しとうてい看過できないとしたら、その評決に至る前に、回避（刑訴規則一三条）などによりその合議体の構成からはずすよう求め、困難のときは、自ら退く（裁判官分限法一条）ほかないように思いますが、いかがでしょうか。とりわけ、死刑判決という、結果の回復が困難で重大な結論に関わる場合は難しい問題です。

先輩から聞いた話

右に申し上げたように合議は極めて有用なものでありますが、その合議について先輩から聞いた話を紹介させてもらいたいと思います。

前記のように判事補に採用されるためには、司法研修所というところを修了しなければならないのですが（裁判所法四三条）、司法研修所では、折にふれて、合議について指導を受けました。教官の話の中で記憶に残っているのは、①合議では先輩に対しても決して遠慮をしてはならない（『裁判今昔』西神田編集室二四頁参照）とか、②合議で自分の意見を実現しようと思うなら作戦も考えよ。例えば裁判長は、自ら判例、学説に通じていると考えている人が多いから、主任裁判官として説明するときは、いきなり「バウムバッハ（注・ドイツの民事訴訟法学者）は……」とか「判例によれば……」などと言い出さず、へり下って「ご承知のとおりバウムバッハは……」というような説明をせよ、とか、③合議で自己の見解が容れられなかったとしても、全力投球で、自分の意見とは反対の多数意見の立場の起案をせよ、などという実践的教育を受け、なるほどと思ったものでした。

また、東京地方裁判所の裁判官を中心とする民事実務研究会を主宰するほか、『執行関係訴訟』という名著もある有名な近藤完爾さんが、退官時に、東京高等裁判所と東京地方裁判所の合同研究で「先輩より聞いた話」と題して講演され、近藤さん自身が元大審院判事から聞いたという話を紹介されたことがありました。それによると、大審院の陪席判事が、合議を終えて帰宅したところ、電報が届いていた（当時電話のある人はほとんどいなかった）。発信人は裁判長で、内容は「今日のような未熟な理論を述べる程度なら見込みがないから退官を勧める。」というものであった。そこで、その陪席判事は、さらに徹夜で記録を検討するなどして、翌日も合議で遠慮することなく意見を開陳したというもので（本書二六頁）、このように大審院では白熱的な評議が展開されていたこと、我々も遜色ない評議を展開しよう、という講演内容でした。

刑事裁判官で、多くの著作があり著名な佐々木史朗さん（元札幌高裁長官。私が川崎の裁判所に勤務当時の裁判所長）から、いわゆる松川事件に関する講演を聞いたことがあります。松川事件というのは、昭和二四年（一九四九）八月一七日早朝、当時の国鉄東北線の松川という駅近くで列車が脱線転覆して機関士ら三人が死亡する事故が発生したのですが、複数の被告人が汽車転覆同致死罪（刑法一二六条）で起訴され（最判昭和三八年九月一二日刑集一七巻七号六六一頁）、当時世間の耳目を集めたものであることはご承知のとおりです。当時最高裁判所の合議では、白熱して灰皿が飛び交ったとの噂があったものです。佐々木さんのお話によると、当時事務局の担当者として合議の席に待機していたが、その合議の際に灰皿が飛び交うことなどなかった、しかし白熱的合議が展開されたことは確かだ、というものだったように思います。

さらに山口繁さん（平成一一年当時最高裁判所長官）の同長官就任時における記者会見の新聞記事中に、若いころ、合議が白熱して、取っ組み合いに近い状態になったことがある旨の記述がありました（平成九年一一月一日付産経新聞朝刊。同紙には、さらに続けて、合議が白熱しても、尾を引くことなく、それが終われば、また先輩から変わりなく指導を受けるのが、先人の築いた良き伝統だ、との同長官の発言が紹介されていますが、同感です）。山口さんの人柄からして、記事のような行動は信じ難いのですが、合議の際は激しい議論が展開されたものと推測されます。

以上に紹介したことは、いずれも、実際に裁判所で合議に明け暮れた者として、よく感じが理解できるのでありまして、要するに、合議体の構成員である各裁判官が、真実を追求して、全力を傾けて審理し、学説・判例・事件記録を検討したうえで討論していることを示すもので、歓迎すべきことであると考えます。

若干の体験

先に申し上げたように、私は、約四〇年余り裁判所に勤務し、その間ほとんどが合議の生活でしたので、数多くのことが思い出されますが、そのうちの二、三を紹介させていただきたいと存じます。

私は、郷里の新潟地方裁判所で、昭和三七年から約一年半、刑事合議部の左陪席裁判官として、刑事事件を担当したことがあります。当時は、いわゆる集団的労働関係に関連する労働組合員と使用者間のいざこざで、組合員が暴行、傷害罪など刑事事件として起訴されるということが全国に発生していました。新潟地裁でも、国鉄（今のＪＲ）労働組合が闘争指令を出し、組合掲示板にポスターを貼ったところ、助役の一人がそれをはがしたので、それを目撃した組合員数人で、窃盗の現行犯として、タクシーで警察に連れて行ったところ、国鉄から通報を受けていた警察に逆に監禁罪で逮捕され、起訴されたという刑事事件が係属していました。ところが証拠調べの結果によると、当時国鉄当局も、最強の労働組合と言われた国鉄労働組合に対抗して、その力を削ぐべくかなりアンフェアなことをしていた証拠がたくさん出たうえ、事案の経緯、程度から考えて、いわゆる実質的違法性を欠くのではないかということが争点となりました。何回か合議が繰り返された結果、違法性がないという理由で無罪の判決になりました（右陪席裁判官に提出した判決書草稿につき、夜半に、同裁判官から説明を求められてご自宅に参上し、討議しているうちに夜が明けてしまい、早朝に朝食をいただいているとき、テレビが米国のケネディ大統領暗殺のニュースを報じていたのを今も思い出します）。なおこの判決は、労働法学者には支持されましたが、東京高裁で破棄、有罪とされました。

その何年か後に、裁判官が二人しかいない小さな裁判所支部に、左陪席裁判官として、強姦致傷事件の審理のため、本庁から出張したことがあります。本庁と支部の関係につき付言しますと、裁判所の管轄区域は、地方裁判所についてみると、県単位に定められます（栃木県の場合は宇都宮地方裁判所という名称ですが、県名の栃木地方裁判所の方が判りやすいかもしれません）が、県全体では広いので地域を分割して本庁と支部が設けられており（栃木県には足利、栃木、真岡の三支部があります）、そして、宇都宮市に所在する裁判所を本部というような意味で本庁と言います。なお、白鷗大学がある小山市には小山簡易裁判所があるのはご承知のとおりです。話を元に戻しますと、事件というのは、病院勤務の、まだ一〇代の女性事務員の帰宅途中を襲い、二回にわたり（二回目は女性宅の玄関の近くで）強姦し怪我をさせたというもので、被害者本人および両親から厳重処罰を求めて告訴されたものでした。私は、当然実刑だと思っていましたところ、裁判長も右陪席裁判官も地元に長く勤務していて、被告人の少年時代の生立ちから非行歴までよく知っており、まず「この男は悪い男だ。」と言うのです（ここでは、起訴段階で裁判所に予断を抱かせないため、起訴状だけを提出する、との刑事訴訟法二五六条六項の「起訴状一本主義」の理想は無縁でした）。そのうえで「しかしこのあたりでは別に珍しい出来事ではないからなあ。」と言うのです。結局執行猶予つき判決となったのですが、主任裁判官として判決書を作成しながら、まさか「この地方では珍しいことではない」と量刑理由を書くわけにゆかず、苦労した記憶があります。

さらに、最近の例も一つ紹介させてもらいますと、婚約した女性から男性に対し、婚約した後に男性（ごく普通の会社員）が他の女性と同棲を開始ししばらく継続していたことが、最近になって判明したとして、婚約を解消したうえ損害賠償を請求してきた事件がありました。一審は請求金額中一部を認めその支払いを命じたのですが、今は額の記憶が定かではないですけれども、不誠実な男に対する金額にしては安すぎるように思われました。ところが陪席の二人の裁判官とも、「近ごろの若い男女には、それほど珍しくないのですよ。」と言うのです。そこで、高裁の他の部の裁判長や陪席裁判官、さらに若い判事補に、一般的な話として聞いてみたところ、年齢的にみて、だいたい私の合議体と同じような意見に分かれたのです。結局、一審の認容額を増額した判決になったのですが、最近の社会情況はそのようになっているのでしょうか。

合議の効用

「三人寄れば文殊の知恵」という古諺があるように、合議制は、事件を適正に、しかも結果として迅速に（判断が適正なら、一般に上訴も少ない）処理するのに極めて有用であると思います。複数の裁判官で討論を重ねることによって知識、経験が補充され、判断が客観化合理化するとともに、さらに紛争解決についてのアイデアも多く生まれてまいります。

陪席裁判官をしていて、私は、このことを痛感しましたので、当然のことですが、裁判長になってから、自分が単独体として担当する事件の処理に全力投球することはもちろんですが、合議体事件での合議を徹底することにしました。合議が十分に行われれば、口頭弁論やその準備の手続において釈明事項を見落とすことはなく、また弁護士らの反論に対しても即座に対応できますし、和解では、訴訟の行方を示唆したうえで解決案を示して説得できます（合議の結果に基づくことを示したうえで、詳細の説明をすると、大概当事者、代理人は納得することが多いものです）し、仮に和解不調で判決することになっても、すでに詳細な合議が済んで結論も出ていますから、判決書の作成にはそれほど長期間を必要としないのです（なお判決書作成後に、また判決言渡後で上訴前に、より良い解決のため和解勧告することも、しばしばあります）。合議の徹底の程度と事件解決量は比例すると思っています。

私は何か所かの裁判所で裁判長をしましたが、だいたい二年ぐらいを経過しますと、訴え提起後長期間経過した難しい、大型の未済事件はほとんどなくなり、手持ちの事件も激減するのが通例でしたが、これは、結局合議を徹底した結果にほかならないと思います。ただし、この合議の徹底ということは、かなりきつい作業でありました。

(4) 改善の試み

① 民事裁判制度の理想は、適正、迅速、公平、訴訟経済にあると指摘されていますが、これらを実現するために、平成八年（一九九六）に、民事訴訟法が全面改正され（同年法律一〇九号）、平成一〇年一月から施行されています。同改正法には、旧民事訴訟法にはなかった種々の新しい規定が創設され、その運用が期待されていますが、遠隔地、さらに必要ある場合は同じ裁判所構内でも、証人尋問をテレビで行うことができるテレビ会議システム（民訴法二〇四条）、裁判所と当事者の三者間で同時に音声の送受信で通話できる電話会議システム（同法一七〇条）、相手方当事者に対するファックスによる文書の直接送付方法（民訴規四七条）など、電子機器の利用をかなり大幅に取り入れたことが注目され、活用されています。そして、その後も、オンラインによる申立等（同法一三二条の一〇）、訴え提起前における証拠収集の処分（一三二条の四）、専門委員制度（九二条の二）の創設などの改正が行われてお

りますが、とりわけ民事訴訟手続のＩＴ化は緊急の課題で、作業が急がれています。

② 法廷の形式は最高裁判所規則で定められていますが、かなり以前から対話の場合に便利なように、法廷の真ん中に大きな丸テーブル（円卓）を持ち込むという形式による法壇のない「ラウンドテーブル法廷」も、各裁判所に作られています（最初は地裁に、その後高裁、簡裁にも）。この法廷は、大きな図面、模型などを用いる証人尋問などや、和解を打ち切って直ちにその法廷で審理をすることができ、場所を異動しなくてよい点などが便利なので、高裁でもよく使用させてもらいました。

(5) 裁判官の罷免

裁判官の良心と独立（憲法七六条）を確保するために、裁判官は身分が保障されていて、弾劾裁判（裁判官弾劾法二条）および執務不能の裁判（裁判官分限法一条）によらなければ免官（罷免）されないし、また懲戒処分も行政機関が行うことはできず、それは裁判による（同法二条）とされています（憲法七八条、裁判所法四八条、四九条）。

これらのうち、裁判官弾劾法による罷免につき一瞥いたします。罷免事由は、職務上の義務の著しい違反、または職務の甚だしい懈怠（二条一号）、裁判官の威信を著しく失わせる非行（同条二号）であり、裁判官訴追委員会（訴追委員会）の訴追（起訴）に基づき、裁判官弾劾裁判所の裁判により罷免されることになります。この弾劾制度創設後の昭和二三年（一九四八）から令和二年（二〇二〇）までの七二年間に、訴追委員会から弾劾裁判所に訴追（起訴）された事案は九件で、罷免されたのは七件です。その概要は次のとおりです（裁判官弾劾制度の五〇年〈裁判弾劾裁判所・裁判官訴追委員会刊〉三五六頁、同委員会公表の令和二年統計資料）。②と④は同一裁判官によるものです。なお、新聞などによると、令和三年（二〇二一）六月、仙台高裁裁判官がＳＮＳに不適切な投稿をしたとの事由で、訴追委員会から訴追されたとのことです。

① 約一週間無断欠勤して、懇意の弁護士らが、被訴追者（裁判官）の前勤務地（秋田）方面へ行く商用旅行に同行した。裁判所内外で、同弁護士の同取引について、関係者と折衝をした。その取引が違法として警察に摘発された際、警察署長に事件を不問にするよう働きかけた（静岡地裁浜松支部判事。昭和二三年一一月二七日不罷免）。

② 知人が、違法取引で捜索を受けることを知り、事前に押収の目的物を隠匿させた。同知人の違法取引による裁判の担当を自分に振り替えたうえ、証人に偽証を教唆した疑いがある（大月簡裁判事。昭和二五年二月三日不罷免）。

③ 略式命令請求事件処理を怠り、三九五件の請求を失効させ、また白紙の令状用紙に署名捺印して職員に交付し、裁判官を通さず令状が発付されたなど（川口簡裁判事。昭和三一年四月六日罷免）。

④ 現地調停の帰路、調停委員とともに旅館で、調停申立人から酒食の供応を受けたなど（厚木簡裁判事。昭和三二年九月三〇日罷免）。

⑤ 検事総長を装って総理大臣に電話したうえ、新聞記者に電話の録音テープを再生して聞かせた（京

都地裁判事補。昭和五二年三月二三日罷免)。
⑥ 破産事件を担当中、破産管財人の弁護士からゴルフクラブ、背広など計二八万六〇〇〇円相当の供与を受けたなど(東京地裁判事補。昭和五六年一一月六日罷免)。
⑦ 現金供与を約束して少女三名に対し児童買春をした(東京高裁判事。平成一三年一一月二八日罷免)。
⑧ 裁判所の女性職員に対し、行動を監視すると思わせたり、名誉や羞恥心を害する内容のメールを送信するなどストーカー行為を繰り返した(宇都宮地裁判事。平成二〇年一二月二四日罷免)。
⑨ 走行中の電車内で、携帯電話機で乗客の女性のスカート内の下着を動画撮影した(大阪地裁判事補。平成二五年四月一〇日罷免)。

(6) 裁判官の日常

次に裁判官の日常の執務状況について申し上げたいと思います。通常、地方裁判所の合議体においては、法廷の開かれる日(これを「開廷日」と称しています)は週合計三日で、そのうち一日は合議体による開廷日で、他の二日は、裁判長と右陪席裁判官が、それぞれ一人で行う単独体の開廷日になります。合議体の担当する手持ち事件数はだいたい常時一二〇件から一三〇件くらい、単独体(裁判長と右陪席裁判官)の担当する手持ち事件数はだいたい各三〇〇件くらいというのが一般です。単独体の裁判官のところには、毎月約三〇件から三五件ぐらいの新しい事件が来ますから、一か月中にそのくらいの数の事件を解決しないと、手持ち事件が累積してゆきますので、かなり多忙であると言ってよいと思います。

裁判官は、特に大型事件など自宅で記録の精査、判決書の起案をする必要があるときは別として、毎日出勤します。執務室（裁判官室）は合議体ごと（例えば、地方裁判所では部ごと）に設けられていて、構成員全員が同室です。裁判官は午前九時少し過ぎころに出勤し、合議体の開廷日のときは、主任裁判官（原則として左陪席裁判官が合議事件の主任になります）があらかじめ、記録を精査し、学説、判例を調査したうえで、当該訴訟事件の問題点、見通し、当日の審理予定、釈明事項などにつき詳細に記載したメモ（これを「合議メモ」と称しています。本書一六九頁）を提出していますから、これに基づいて、当日審理する予定の訴訟事件について合議を行います。開廷日の当日までに、三人の裁判官とも、すでに記録を読了しているうえ、記録検討の過程において明らかになっている問題点については、そのつど合議していますので、開廷日当日の合議は密度の濃いもので、開廷時である一〇時までには済ませることができます。ただし合議は、この時間だけに限られず、いつでも（例えば、裁判官室で食事をするときでも）、どこでも（例えば法廷に至る廊下の途中でも。ただし、他人の耳に入るおそれのないよう注意します）、あらゆる事項につき行っています。

裁判官室

開廷日は、通常、午前一〇時から一二時まで、午後一時から二時半まで、三時から四時までをだいたいのめどに開廷し、口頭弁論、証人尋問を行い、四時から六時ころまで、約二〇分刻みで、和解、弁論準備を行います。開廷日以外の日（これを「非開廷日」と称しています）は、和解、弁論準備、事件記録の検討、判決起案などをします。そして、帰宅後は、だいたい午後九時過ぎから午前一時ころまで事件記録の検討、判決起案を行い、休日などもかなりの割合を仕事に割いているのが一般です。

法廷でも、和解でも、それは、直接利害関係のある当事者本人または弁護士と事件について意見交換するいわば真剣勝負の毎日であって、もし準備不足だと直ちにやりこめられて信用を失うことになりますので、精神的にかなりの緊張感を伴い、かつ常に周到な準備を必要とします。したがって、裁判官の生活は、仕事の面でかなりきついと言ってよいと思いますが、裁判官になる前に、すでにそのことは知ったうえで、あえてその仕事を選んでいますから、結構楽しい気分で仕事をしている人がほとんどだと思います。むしろ、仕事中毒にならないように注意する必要があるかもしれません。

また、いろいろ工夫して、仕事以外に充てる時間も十分作ることができると思っています。

とりとめのない話をして、大変失礼いたしましたが、裁判所の雰囲気が少しでもご理解いただけたとしたら幸甚であります。ご静聴ありがとうございました。

〈本稿は、平成一一年〈一九九九〉一一月二四日の白鷗大学法学会〈教員の研究会〉における講演に若干の加削をしたものである〉

2 裁判官への贈物

(1) はじめに

国会の裁判官訴追委員会（訴追委員会）から公表された令和二年（二〇二〇）の統計資料によれば、訴追委員会発足後の昭和二三年（一九四八）から令和二年までの七二年間に、訴追委員会に対し、延べ二万二三一九人の裁判官について訴追請求があった由である。もっとも、訴追委員会から裁判官弾劾裁判所（弾劾裁判所）に対し、実際に罷免を求めて訴追（起訴）されたのは、延べ九人（九事例）にとどまっており、そのうち弾劾裁判所で罷免されたのは七人である（本書二三〇頁）。

右の期間における訴追委員会への訴追請求の事由について見ると、誤判・不当裁判が五〇・七％で群を抜き、訴訟手続違反が一三・九％、不当訴訟指揮九・三％の順になっている。

裁判官について、訴追委員会に対し訴追請求する人は、具体的な訴訟事件の関係者がほとんどであるとのことだから、その実情からすると、右の数字は理解できないものではない。しかし、右の統計資料によれば、さらに、訴追請求の事由中に、〇・三％の割合だが、裁判官につき「供応・収賄」がある旨の主張がされているのが注目される。

裁判官は、職務の内外を問わず、裁判官としての威信を著しく失うべき非行があったときは、罷免される（裁判官弾劾法二条）が、もし裁判官が訴訟関係者から「供応・収賄」を受けたとした場合は、この罷免事由に該当することは疑いない。

そこで、訴追請求事由としての供応を含む「裁判官への贈物」について、その実情などについて見ることにしよう。

裁判官訴追委員会会議室
（平成９年〈1997〉当時）

(2)　訴追事案などから見た贈物

まず、これまで、訴追委員会から弾劾裁判所に対し訴追（起訴）された事案の中で、「裁判官への贈物」が問題になった事例がないか見てみると、これまで訴追委員会から弾劾裁判所に訴追された事例は、前記（本書二三〇頁）のように延べ九事例であるが、そのうち「裁判官への贈物」に関係する事案は二事例である。

その一は、昭和三〇年四月、厚木簡易裁判所判事が、係争土地における現地調停をした帰途に、調停委員とともに温泉旅館に行き、調停申立人から一人当たり約八〇〇円相当の酒食の供応を受けたものである（昭和三二年九月三〇日罷免）。

その二は、東京地方裁判所判事補（破産事件担当）が、ゴルフ場の破産管財人の弁護士から、昭和五四年九月ころ合計約五万七〇〇〇円相当のゴルフクラブ二本、同五五年六月ころ合計約二二万九〇〇〇円相当のゴルフ道具セットなどの供与を受けたというものである（昭和五六年一一月六日罷免）。

また、訴追委員会は、裁判官についていろいろ調査をした結果、弾劾裁判所に対し罷免を求めて訴追するまでの必要がないと認めるときは、訴追を猶予（起訴猶予）することができる（裁判官弾劾法一三条）。訴追委員会公表の資料によれば、これまで訴追猶予された事案は七例あるので、このうち裁判官への贈物に関連する事案がないか見てみると、昭和二七年六月に山口地方裁判所徳山支部判事が、同裁判所管内の市役所首脳に対する横領等被疑事件につき、親戚である市長から相談を受け、旅館で、市役所および警察の幹部、市会議員らと会談し酒食をともにしたという一例がある（昭和二九年一一月一二日訴追猶予）。

このように、過去において、「裁判官への贈物」関連で、訴追または訴追猶予の手続がとられたのは三例あるが、いずれも、およそ想像もできない行為であって、裁判官としての威信を著しく失わせた非行であることについて疑いを容れる余地がない。前の二例の罷免の裁判は当然であり、訴追猶予された後の一例についても、もし訴追委員会から弾劾裁判所に対し訴追されたとしたら、罷免されたとしても致し方なかった事例と言えるであろう。

(3)　裁判官への贈物

それでは、「裁判官への贈物」に関する裁判所の実情はどうなのだろうか。

①　これについては、岡垣学東京地方裁判所判事（後東京高裁部総括判事）が、法律雑誌（判時五四六号一二頁、昭和四四年三月一一日刊）に、「裁判官の貰い物」と題する一文を寄稿されているので、ごく簡単に紹介させていただくことにしよう（本書五六頁）。

岡垣さんによると、裁判官に任官後約二〇年の間に、三回ほど事件の当事者から贈物の提供があり、その処置に困惑したことがあったというのである。

その一は、昭和三一年の暮、盛岡地方裁判所勤務当時、官舎に、民事訴訟事件の当事者であるという老人が、リンゴをたくさん背負って持参し、「自分の方の言い分が正しいから、一日も早く相手方敗訴の判決をしてもらいたい。」と述べたが、裁判官の私宅に訪れて事件の陳情をすることが不適切であることを強く諭したうえ、リンゴを全部持ち帰るよう説得するのに長時間を要したというのである。

その二は、昭和三八年東京家庭裁判所勤務当時、離婚が成立した調停事件の女性当事者から、岡垣さんの勤務先に、「相手方であった元の夫から財産分与の最終分割金の支払を受けたので、調停で大変お世話になったお礼として、軽少だが金員を同封する」旨の手紙と二万円が入った現金書留郵便が届いた（確か、当時の大卒新入社員の初任給がこのくらいだったように思うがどうだろうか）が、「受け取れない」とする書面と一緒に現金を送り返した。その後も、数回丁重な礼状が来たが、そのまま放置しておいたら、そのうち音信が途絶えたというのである。

その三は、昭和四一年東京地方裁判所勤務当時、境界確定等事件で和解が成立した当事者から、自宅に、お礼の手紙とそれまで見たことはあるが、味わったことがない最高級の洋酒（為替レートの関係からか、当時名のある洋酒は極端に高価だった）が三本届いたが、デパートに連絡して返品し、受け取るわけにゆかぬ旨返信を出したら、丁重なお詫びの手紙が来たというのである。岡垣さんの右一文によると、事情を説明するとデパートは引き取りに応じるらしい。

② 似たような体験が私にもある。

昭和四三年秋、新潟地方裁判所長岡支部勤務当時のことである。夕刻勤務を終えて帰宅すると、官舎の玄関先で、貫禄のある年配の男性に対し、家内が困った顔をしてしきりに何か説明をしている。話を聞くと、男性は、前日和解が成立した食品会社の社長で（ただし、社長を含めて社員は数人程度だった）、「懸案の事件が解決したお礼に、これから冬を迎えるので、佃煮と漬物を持参した。事件は終了したので、ささやかだが、感謝の気持ちを受け取っていただきたい。」と言うのである。見れば、同社長の前に木の樽が二つ積み重ねて置いてある。そこで、「ご厚志は誠にありがたいが、仕事の前後を問わず、仕事に関連した人から物を受け取ることは、公正さについて誤解を与えることになるから受け取れない。置いていったら、送り返すのにかえって手間がかかる。」と説明して理解してもらったが、岡垣さんと同じように随分時間がかかってしまった。なお、右社長は、帰り際に、「よく判ったが、将来機会があったら会社の顧問をお願いしたい。」などと述べていたが、その機会はないようだ。その会社の名前も所在もすぐ忘れてしまったからである。

その数年後の昭和四八年の東京地方裁判所勤務当時のことである。やはり秋も深まった寒いころ、帰宅したらデパートから大きな包みが届いている。見ると、数日前に判決した古い損害賠償事件の被告公団からのもので、品名は電気毛布とあり、同日、同公団から、古い大型事件で大変面倒をかけたので、ささやかだが、お礼の気持ちを受け取ってほしいとの書状も届いていた。もちろんそれは受け取れるものではない。裁判所を通じて返還することにして、翌朝、裁判所の通勤バスで、記録と一緒に大きな荷物を抱えて登庁し、事務局から返してもらったが、担当者から「送り主によく事情を説明して返品したうえ、受取書までもらってきてあります。」との報告があった。裁判所を通じて返品したのは、任官して間もないころ、先輩裁判官から「万一訴訟関係者から何か届けられるようなことがあったときは、裁判所を通じて返すのが一番よい（返すのが当然であることを前提としているのだ）。時間と労力と費用が節約できるし、返したことがはっきりする。」と教わったことを実行したに過ぎないのである。それにしても、通勤バスを利用したのだが、電気毛布の包みはかさばって重く、運ぶのに苦労した記憶がある。

(4) 裁判所の伝統

裁判官は、裁判所で、系統的な裁判官倫理といったものの指導を受けるということはない（少なくとも私の世代ではそうだ）。先輩たちの折にふれた会話や行動を通じて、職務の公正さについて、かりそめにも世人の疑惑を受けることがないように行動することは心身に刻みこませており、それは裁判所の伝統として確立していると言ってよい。

岡垣さんも、前記の一文において、「日本の裁判官が清廉であることは、一般に定評のあるところだ」としたうえで、「古い時代のことは暫く措き、明治初年以来の裁判官が職務をとるのに厳正公平を期するとともに、事件の当事者や利害関係人から……供応を受けたり、貰い物をしたりなどすることを避け、かりそめにも不正不当な金品収受の疑惑を受けることのないように身を持してきたため、かような評価を受けるにいたったのであろう。」と説かれるが、裁判所の実情の説明として正鵠を射ている。そして、それに続けて、岡垣さんは先輩から「裁判官としては、現地出張などのさい当事者らが渋茶くらいの提供をした場合には、いやな顔をしないでこれを受けるのが、むしろ望ましい態度でなかろうか」と教わり、それを実行しているとされるが、裁判所では、一般にそのように行われているといってよく、私もそのようにしてきた。

そして、裁判の独立に由来するからなのであろうか、裁判所では、先輩ないし上司に対し、お歳暮、お中元などの贈物をするという習慣はまったくない。若いころ、先輩の自宅に招待されたとき、たまたま手元にあった粗菓を持参したところ、裁判所ではそのようなことをしないのが伝統だ、と強くたしなめられたことがある。そして、むしろ先輩からは、おごってもらうのが当たり前なのだと教わったのであり、これまで多くの先輩からそのようにしていただいてきた（本書一八頁、一八一頁）。あるとき、外部の研修会で、たまたまそのようなことが話題になり、右の話をしたところ、会場から軽いどよめきの声が上がったことがあるが、裁判所の現状は右に述べたとおりなのである。

ちなみに、裁判官には適用されないが、平成一一年八月に国家公務員倫理法が制定されており、公務員が関係業者等から一定範囲の贈与または報酬を受けることを禁止していないようだ（同法二条、六条。齋藤憲司「国家公務員倫理法」ジュリスト一一六一号五九頁）。

「裁判官への贈物」とは異なるが、判決または和解成立後、訴訟当事者や弁護士から礼状の届くことがある（前記岡垣さんの事例などでも礼状が届いている）ので、それに関連して、すでに述べたことでもあるが、付言させていただきたいと思う。昭和四一年東京地方裁判所判事補のころ、やや難しい事件の裁判につき、著名な弁護士から、表現、内容ともに立派な裁判に敬意を表する旨の書状が届いたことがある。裁判起案は主任裁判官の私が作成したのだが、中村治朗裁判長（後最高裁判事）が全面的に手を加えられ、いわば中村さんの裁判書になったのだから、表現、内容とも立派なのは当然なのである。それでも嬉しくなって、中村さんに書状を示して報告をしたところ、中村さんは、届いた書簡を一瞥しようともせずに、「差出人は勝訴になった側の代理人からだろう。そんなことに一喜一憂しないで、良い判決を書くことに努力せよ。」と一喝され、粛然襟を正したことを思い出すのである

（本書四頁）。なお、このような書状の有無が裁判に影響しないことはもちろんである。

(5) むすび

とりとめのないことを述べたが、世間一般の実情はよく知らないけれども、日本国内の少なくとも裁判所は、正義と公正が支配するところであって、「裁判官への贈物」は存在しないし、また通用しないことを、世の人たちは知ってほしいし、したがって安心してほしいと思うのである。

3　胴上げされた話

今年（平成九年〈一九九七〉）も春になって、プロ野球が始まった。当地名古屋に異動してきて約一年になるが、着任して、まず最初に驚いたことがある。名古屋の人たちが熱心な中日ドラゴンズファンだと聞いてはいたが、その熱意は予想を遥かに超えている。当地では巨人戦の試合があってもそのテレビ中継のない日はあるが、中日戦の試合がある日にその中継がないことはないのである。

近くの飲食店などでは、客のため、たいがい店内で中日の野球試合をテレビ中継している。引越してきて間もなく入った近所のラーメン屋も例外ではなかった。注文をしてからしばらくして、「大豊（たいほう。だったと思う）がホームランを打ちました。」とアナウンサーが絶叫したところ、突然、厨房から店の主人が仕事を中断して客席に出てきて、腕組みしながらテレビの録画を見たうえで、満足そうな顔で厨房に戻ったのである。その間、当方はラーメンがゆで過ぎにならないかハラハラしたものである。

近くの床屋も似たようなもので、「毎度のことだが、きのうの審判の巨人びいきは特にひどい。中日は審判に負かされたようなものだ。ねえ、そうでしょう。」などとお客の当方に相づちを求め、当方が中日ファンであることを夢にも疑っていない。こちらにとって、そんなことはどうでもよいことだが、このときの返事は難しい。何しろ相手はカミソリを持っているからだ。

ところが、しばらくこういう熱心な人たちに接していると、今年あたりは中日を優勝させ、星野監督を胴上げさせてやりたいものだというような気になるから、人情とは不思議なものである。

前置きが長くなったが、私も裁判所で胴上げしてもらったことがある。

◇

一〇年ひと昔という言葉に従えば、もう三昔も前の古い話になるが、昭和三七年（一九六二）四月、私は新潟地方裁判所に判事補として配属された。

当時、同裁判所（新関勝芳所長、後大阪高裁長官。本書一八七頁）の職員は、後にその中から大勢の事務局長や首席書記官が輩出したことからも判るように、真面目で優秀な、勉強家揃いであり、普段は優しいのだが仕事になると完璧を追求する森川龍太郎首席書記官のもと、職場は活気に溢れていた（もっとも、優秀な人材が集まるのは、地元に目ぼしい産業がないことの証明だとの説も有力だったが）。ほとんどが私よりも年長の人たちから、私は虚心にたくさんのことを教えてもらい、ここで実質的な修習をしたと言っても過言ではない。

同裁判所の勤務期間中、短期間の降雪量では未曾有だと言われた昭和三八年のいわゆる「三八（さんぱち）豪雪」を体験した（本書五〇頁）。何日も列車がストップし（平成二三年一月二二日の朝日新聞夕

新潟地方裁判所旧庁舎（昭和37年〈1962〉当時）

刊「昭和史再訪」の記事によると、当時急行「越路」が新潟・上野間で一〇六時間の遅れだったそうだ）、動き出しても、列車の姿は見えず、広い越後平野の雪原の中を蒸気機関車の煙だけが動いていくテレビニュースや、家を雪から掘り起こした人が、積雪の上から屋根に転落し、怪我をしたというニュースが報じられたのもこのときである。また同年（昭和三八）六月の新潟地震にも遭遇した。明治時代に建てられた地裁の木造庁舎（写真参照）がまったく影響を受けないのに、地震の前年に完成した家裁庁舎が傾斜したのには驚いた（災害一覧表のような罹災都市借地借家臨時処理法の適用対象として同地震は載っている）。そして、毎年春と秋に、合議体で佐渡へ各約一週間集中的に検証と証人尋問で出張した。雪がなく、草木の葉が繁らず、農作業のない早春と晩秋が、検証と検証現場での証人尋問に適しているのである。島の真ん中の一軒しかない湯治場にこもり、することがないから連夜マージャンの指導を受けたりしているうちに三年経ち、転任の年がきた。

当事者が一〇〇人余りの土地払下げをめぐる訴訟事件処理

のため転任発令が三か月遅れて昭和四〇年七月になったが、新潟を出発する当日にタイプが全部できあがり、書記官室でほぼ全員が手分けして判決書の読み合わせをし、署名押印の作業を終えたときは、長い夏の日も暮れてもう外は真っ暗になっていた（最後の日まで仕事に付き合うめぐり合わせは、このころから始まっていたようだ）。終わったところで、意外にも、仕事については鬼部隊長のように厳しい前記の首席書記官が音頭をとり、それまで戦場のようだった狭い書記官室で、コップ酒により転任の前途を祝ってくれた（もっとも、手間のかかる男がいなくなることを祝ったとも思えないではないが）。

しばらくして、裁判所裏の官舎に（このころは官舎に入居していた）、家内と一歳の長男が出発の準備をして待ちくたびれていることを思い出し、三年間お世話になったお礼を述べて書記官室を退席しようとしたところ、突然若手の人たち数人が「胴上げしよう。」と言いながら走り寄り、兄貴分のような人たちも加わってくれて、あの狭い木造の書記官室で胴上げしてくれたのである。私の方は、皆さんに迷惑ばかりかけていたので、思いがけない出来事に一瞬戸惑ったが、ただ猛烈に嬉しかったことだけが記憶に残っている（木造庁舎で、油の塗ってある床に落下しまいかという心配も頭をかすめたことを否定できないが）。裁判所宿舎から当夜一泊する予定の生家に向かう夜道のタクシーの中で、「今、書記官室で胴上げしてもらったよ。」と、やや興奮しながら家内に語り、「よかったわね。」と喜んでくれたのが思い出される。

この胴上げをしてもらったことは、これからも、何とか裁判所でやっていけるかもしれない、という希望のようなものをもたせてくれた。今でも、あの書記官室の情景が懐かしく目に浮かび、感謝の気持ちで一杯だ。

◇

それから数年経ち、昭和四六年（一九七一）四月、判事補一〇年目に、私は二度目の新潟地裁（長岡支部）勤務を終え、東京地裁へ二度目の転任をしたが、そこで民事部判事補会長役を引き受けることになった。

当時、東京地裁（長谷部茂吉所長）民事部と刑事部には各判事補会というのがあり、昭和四六年の判事補会は、研修所の一四期から二三期（ただし、二三期は、いわゆる大学紛争により研修所への入所が遅れたため、任官は七月になった）で構成され、民事部判事補会は約六〇人で、規約によれば、最上期の者の中から会長を選ぶことになっていたのである。

同年四月は、いわゆる青年法律家協会（青法協）問題で世間が大きく揺れていたときで、裁判所内に着任のあいさつ回りをした当日も、国会の法務委員会でこの問題が審議されテレビで実況中継されていた。念のため、この問題についてごく簡単にふれると、昭和四六年四月に任官後一〇年を経過する判事補（一三期に当たる）のうち、一人が判事に任命されないという出来事があった（裁判所法四〇条参照）。同判事補が青法協という団体に所属していたとのことから、マスコミなどが、再任命されなかったのは、同会に所属していたからではないか、そうだとすると、思想、信条、団体加入の自由の侵害で許されないなどと主張し、他方、これに対し、裁判官は団体に参加する場合でも慎重であるべきだとの反論がされ、対立していたのである。

判事補会でも、それらが反映し、当時、連日のように会合を重ねたが、何しろ理論的問題については、やや大げさに言えば、日本国中で最も口うるさい若者たちの集まりだと言ってよい東京地裁の約六〇人からの判事補が、口角泡を飛ばして論争するのだから、およそ際限がつきそうもない。

判事補会では、民事部全裁判官に呼びかけて、何回も、夕方から、この問題関連の会合をもった。むし暑い夜、会議室に、大勢の大先輩たちも参加された。中村治朗さん（当時の私の所属部裁判長）ら後に最高裁判事になった人たちも参加されたし、坂井芳雄、井口牧郎、沖野威さんら後の名古屋高裁長官らも若手部総括として参加された。水の入った大きなヤカンを回し、参加費（会場入口で一〇〇円程度徴収されるのが常だった）で買ったウイスキーの水割りを自分で作り（つまみなどもちろんない）、遅くまでかんかんがくがく意見を述べ合ったことが今でも懐かしい。当時の若かった我々判事補たちにとって、この会合で先輩たちの率直で真摯な姿勢に接しえたのは、意見を異にすることが多くとも、嬉しいことだった。この会合は、結果的に、若手裁判官の先輩裁判官に対する信頼を深めるのに役立った極めて意義あるものであったと今でも思っている。

これらのことを経て、全民事部裁判官による民事部会で、安岡満彦さん（後最高裁判事）を座長とする「安岡勉強会」が設けられることになり、前記の問題を中心に精力的に討議が重ねられ、その成果は文書化され、そのつど民事部裁判官全員に配付された（本書七二頁）。

判事補会には、この問題をはじめとしてその他いろいろのことがあったが、大方の者が納得するま

東京高等地方裁判所旧庁舎（昭和46年〈1971〉当時）

で、徹底して議論してもらうよう心がけることとした。議論を深めれば、裁判所では、結局良い意見が通用すると信じたからである。そのように考えたのには理由がある。当時、東京の裁判所には、近藤完爾さん（東京高裁部総括）主宰の民事実務研究会という勉強会があり（後年は、西村宏一さん〈後福岡高裁長官〉、岡垣学さん、倉田卓次さん〈各東京高裁部総括〉が主宰された）、実務上生起する問題が討議され、その研究結果は判例タイムズ誌上に発表されていたが、そこでの議論は、先輩後輩の区別なく、最も優れた意見が説得力をもつ、という考えで運用されていたと言ってよい。同勉強会には、私も参加を許されていたが、我々若手にとって畏敬の対象であった前記倉田卓次さん（幸運にも、昭利四八年陪席にしていただいた）が、ある日の勉強会で、若い判事補の意見を聞いた後に、「そうだな。君の意見の方が良いな。」と発言されたのを目の当たりにして、より良い意見が尊重される裁判所とは、良いところだな、と深い感動を覚えたのを今でも思い出す（本書一六五頁）。判事補会でも、そのように運用しようと努めたのである。

しかし、実際は、いつも、さらに議論を尽くすべきだという意見と、いやもう議論が尽くされたとする意見が対立するのが常だった。あるとき、前記倉田さんに判事補会の何かのことでご意見を伺ったところ、倉田さんは自説を述べた後に、「東京地裁の裁判官で長がつくのは、所長と判事補会長の君だけだ。僕も部総括だが長はついていない。自信をもってやれ。」などと変な激励をされ、妙に元気が出たことがあったりしたものである。

そして、翌昭和四七年三月、やっと会長役から開放される判事補会の送別会が開かれた。慣例により、安村和雄所長（後東京高裁長官）、大塚正夫（後同長官）、緒方節郎（後大阪高裁長官）各所長代行も出席された。無事に会合が進行し、最後に副会長（一九期）のあいさつが終わり、やれやれと思ったときである。判事補会で柔道の黒帯を誇りにしている一人の若手が立ち上がると、「おい、会長を胴上げしようや。」と大声で叫ぶとともに、膳を飛び越えて会場の中央に突進し出したところ、ほぼ全員が歓声を上げて立ち上がり胴上げしてくれたのである。胴上げされながら「この連中は、あんなに勝手なことばかり言っていたが、やっぱり苦労を判っていてくれたのか」と思わずジーンとして、それまでの疲れがいっぺんに吹き飛んだように思えたのである（このときは、下は畳だから、新潟地裁のときと違って床に落ちることは心配しなかった）。

このころの判事補会のメンバーは、いずれも、今は裁判所の枢要の地位を占めるに至っている（名古屋高裁管内では、判事補会の若手で幹事役を引き受けてくれた玉田勝也名古屋地裁部総括〈二二期〉もその一人だ）。思えば、あれからもう二五年が過ぎ去ったのである。

本稿を書きながら、家内に、これら胴上げのことを語ったところ、「昔のことを懐かしがるのは老化の始まりだそうですよ。」とたしなめられてしまった。

それはともあれ、「郷に入《い》っては郷に従え」と言うし、名古屋ドーム元年と言われる今年こそは、地元の人たちのため、星野監督の胴上げが実現するよう念じることにしよう（補足、このシーズンには、名古屋ドームに二回観戦に行ったのだが、星野監督の胴上げは実現しなかった）。

◇

（追　記）

平成一一年（一九九九）七月に裁判所を定年退官し、同年九月の後期から、白鷗大学法学部で行政法、地方自治法、行政法演習（ゼミ）などの授業を担当することになった。

同大学は、東北新幹線で東京駅から四三分の小山駅近くにあり（栃木県小山市）、「思川《おもいがわ》」という情趣ある名称の河畔に校舎があった。若干付言をお許しいただくと、昭和三五年（一九六〇）当時、司法研修所では、採用間もない司法修習生に対し列車試乗という体験的研修が予定されていた。これは、国鉄（現在ＪＲ）の協力により、東京周辺の国鉄の数か所の支線を利用し、そこを走行する蒸気機関車の運転室の助手席と石炭燃焼（釜焚き）車両に修習生が同乗させてもらい、安全第一の厳しい職場の雰囲気を体験させてもらうものだった。筆者は水戸線班に割り当てられ、早朝に東北線小山駅に集合し、始発の小山駅から終点の水戸駅まで、交替で試乗させてもらい指導を受けたのだが、後年折にふれて、あの真剣で緊張した雰囲気を思い出したものである。懐かしい当時の小山駅の駅舎は木造だったが、約四〇年後には新幹線が停車する立派な駅になっていて、時の経過を実感したのである。

自然が多く残る良い環境下で、学生たちはのびのびと勉強していたが、授業を開始してみると、我々昔の学生時代と違って授業中に私語が多いのには驚いた。同輩の先生たちに聞いたら、近ごろはどこの学校も同様な傾向で、都内で講師をしている学校にはもっとひどいところがあるとの話だった。だが、新参教師には、そういう中での授業は続ける自信がなかったので、「私語は、他の学生の授業を受ける権利を侵害することになるから禁止する。法学部の学生なら、他人の権利の大切さを理解できるはずだ。授業中二回目の警告を受けた学生は、即刻退席させる。ただ、質問はいつしてもよい。」と予告して、実際に二、三度退席をさせたら、私語はなくなった。ただ、学生が退屈して私語をしたくならないようにと、慣れない授業の準備に苦労することになり、しばらく後悔したものである。

学生の就職希望は、県外よりも、県庁、県警、市役所、役場、消防、商工会議所、農協等、自宅から通勤可能な県内の公務員ないしそれに準じる職種が人気で、公務員試験への関心が極めて高かった。そのため、それに対応した授業を徹底し、とりわけ上記演習（ゼミ）では、所定の二年間の履修期に、公務員試験を強く意識した学習を、授業時間外にも行い、学生たちも熱心に勉強し、ささやかだが年々成果が表れていた。学校の生活は、さまざまなことがあって、今思い起こしても楽しく懐かしいが、とりわけ、各専門分野の権威者である先生たちから気さくに話を聞くことができたのは、大学ならではの幸運だな、と感謝したのである。また、ゼミ生たちと、恒例の、三年生の春休み時に（夏休みは就職試験のため学生には時間がない）、ディズニーランドかディズニーシーのどちらかに行くのが楽しみだった。付き合ってくれたゼミ生たちに深く感謝している。

ところが、平成一六年四月に白鷗大学法科大学院の開設が予定され、私はそこに異動することになり、同年三月限りで法学部での上記科目の担当から外れることになった。同月卒業式が挙行された日に、恒例に従い、大学近くのホールで、全学部合同の謝恩会が開催された。その謝恩会も、そろそろ終わりに近づいたころのことである。同僚の先生と会話中の私の周囲に、卒業するゼミ生を中心として、授業で顔なじみの学生たちが、大勢集まってきた。集合写真を写すとしたら人数がやや多すぎるようだな、と思っていたら、ゼミ長（県警に就職が内定していた）が前に出てきて、「先生。お世話になりました。お礼に、皆で、胴上げをします。」と大声で宣言したところ、それを合図に学生たちが歓声を上げながら胴上げをしてくれたのである（下は上等の深い絨毯なので落下しても心配なかった）。

傍らにおられた在勤期間の長い先生が、「驚いたな。本学の謝恩会で胴上げを見たのは初めてだ。」と言われたから、会場の皆さんを驚かせてしまったようだが、若い学生たちの素直な気持ちが実に嬉しかったのである。

4　宇奈月温泉事件をめぐって

(1)　宇奈月温泉事件

皆さんは、法学部の学生さんですから、民法総則の授業の最初のころに、「宇奈月温泉」という優雅な名前の温泉地をめぐる訴訟について、教わったことがあると思います。ご承知のように、この事案は、民法第一条に「権利の濫用はこれを許さず。」との規定が設けられた昭和二二年（一九四七年、法律第二二二号）よりも一二年前の昭和一〇年一〇月五日に、大審院が権利濫用の理論（権利の行使であってもそれが信義誠実に反する場合は権利の濫用として違法となる）を肯定したものとして（民集一四巻二二号一九六五頁）講学上有名なものでしたね。

宇奈月温泉

この温泉は富山県内の北東部に所在する有名な温泉ですが、私は、民法の授業で宇奈月温泉事件のことを教わってから三十余年経った平成五年（一九九三）一一月に富山の裁判所に転任しましたので、

富山市内から望む北アルプス立山連峰

折をみて同温泉や周辺を訪ねたり、資料を調べたりしました。今日は、それらの資料などにより、法学部の皆さんと一緒に、宇奈月温泉事件につき若干の復習をしてみたいと思います。

まず、お手元に配付した写真を見てください。これは、富山市街から東方の北アルプス（飛騨山脈）の主山脈である「立山連峰」の一部を望むもので、市のすぐ近くに三〇〇〇メートル級の山々が屏風のように連なっている光景です。写真中央のやや右側に主峰の立山（雄山。三〇〇三メートル）が見えますが、写真中央の黒ずんだ山は、「鉄（くろがね）の砦と急峻な雪谷に守られて、永らく登頂不可能の峰とされ……日本アルプスの山々が登りつくされる最後までこの峰は残った」（深田久弥『日本百名山』新潮文庫二五七頁）とされる剣岳《つるぎだけ》（二九九九メートル）です。ところで、この写真では見えませんが写真の立山連峰の裏側にほぼ平行して、さらに二重の屏風のように立山連峰を上回る規模の巨大な「後《うしろ》立山連峰」が連なって聳えているのです。そして、写真の立山の後ろ側あたりの位置に黒部湖があり、そこから黒部川が発し、前記の二重の屏風のような立山連峰と後立山連峰の間を写真左側方向へ流下して富山湾に注いでいるのです。峻嶮な地形を流れる黒部

黒部峡谷と引湯管

川は、かつて欧州から河川土木工事指導のため日本に来た技術者たちが、「川ではなくて滝だ。」と言ったと伝わる急流で、戦前から、その落差を利用して、困難な工事の末にいくつも発電所が作られました。映画「黒部の太陽」で有名な、昭和三一年から同三八年の難工事で完成した「黒四（くろよん）ダム」（黒部第四発電所）もその一つです。

黒部川は長い年月をかけて黒部峡谷を形成したのですが、宇奈月温泉は黒部川の下流の黒部峡谷の尽きるところ、言い換えれば黒部峡谷の入口（写真の立山連峰左側の裏）に所在しているのです。そこは、富山駅から富山地方鉄道というローカル線で一時間半ほど県の北東に行った距離にあります（平成二七年〈二〇一五〉三月に開通した北陸新幹線には黒部宇奈月駅ができました）。同温泉の在来線駅前広場には湯気を噴き上げる大きな噴水（湯）があり、北陸地方随一の湯量を誇っているのですが、意外にもその湯は宇奈月温泉で湧出してはいないのです。同温泉から、黒部川沿いの峡谷を約二〇・一キロ上流にある欅平《けやきだいら》行きの地上トロッコ電車に乗り、その途中の宇奈月から約七キロ上流にある「黒薙《くろなぎ》温泉」で湧出する九七度の熱湯を、黒部峡谷の急傾斜地沿いに設置した樋（引湯管）で宇奈月温泉まで引湯をしているのです。

峻嶮な立山連峰と後立山連峰に囲まれそのおびただしい根雪の融水のため黒部川は日本の河川中水温が最も低いとされるのですが、他方黒部峡谷には高熱の温泉帯が通っているのです。昭和一一年八月から同一五年一一月にかけて施工された黒部第三発電所工事の際、前記地上トロッコ電車の終点の欅平から約六キロ上流の仙人谷に至る間は、急峻の岩盤のため地上のトロッコ電車は通すことができず、工事資材運搬用の地下軌道車用の隧道掘削工事を行ったのですが、同仙人谷付近では、一六二度の岩盤温度と熱湯の噴出を記録した高熱地帯であって（吉村昭『高熱隧道』新潮文庫一七六頁、六〜八頁）、黒薙温泉の前記熱湯の噴出は驚くに足りないのです。付言しますと、関西電力の許可を得て、欅平から仙人谷までのこの地下隧道車に試乗したことがありますが、隧道内は耐え難いほどの高温、多湿帯でした。

宇奈月温泉事件当時の引湯管

木管除去請求訴訟

このような地形と、引湯管の存在が背景になって提起されたのが宇奈月温泉木管除去請求訴訟事件（宇奈月温泉事件）だったのでしたね。

資料によると、宇奈月温泉は大正四年ころから計画され同一二年ころに開業した温泉郷ですが、その旧名称である愛本《あいもと》温泉という名前の会社が、約三〇万円の巨費を投じて、三年がかりの難工事の後、大正六年ころに黒薙温泉から愛本温泉まで、黒部川に沿う急斜面に四一七〇間（約七五〇〇メートル）の木製引湯管（写真参照）を敷設して引湯したのです。上述のように峻嶮な黒部峡谷での木製の引湯管敷設工事は、記録を見ると随分の難工事だったようです。

ところで、引湯管敷設の土地は、国有地、村有地、民有地に跨っていたのですが、ほぼ全土地の所有者から使用の承諾を得ており、そのまま年月が経過したのです。ところが、昭和三年に至り、宇奈月温泉事件訴訟の原告が、引湯管の通っている民有地二畝一一歩（約三七〇平方メートル）の土地（以下「本件所有地」と言います）を買い受けたのです。本件所有地のうち、引湯管の通っている土地面積（以下「本件係争地部分」と言います）は、長さ約一九尺（五・七メートル）、幅約三尺六寸（一・一メートル）で、計約一・九坪（六・二平方メートル）でした。

本件所有地を取得した原告は、その年末、当時の引湯管の所有者である黒部鉄道株式会社（以下「黒部鉄道」と略称）に対し本件所有地ほかの土地を一坪（三・三平方メートル）当たり七円（本件係争地部分の坪当たりの当時の価格は五～六銭）で買い取ることを要求したのです。黒部鉄道がこの買取り要求を拒絶したところ、昭和六年、原告は同鉄道を被告として、本件係争地部分の土地所有権に基づき引湯管撤去を求めて、富山県の魚津区裁判所（現在の魚津簡易裁判所）に対し訴訟（宇奈月温泉訴訟）を提起しました。

判決

第一審の魚津区裁判所、控訴審の富山地方裁判所および上告審の大審院は、いずれも原告の請求を棄却しました。その理由の概要は次のとおりです（訴訟当事者を原告、被告と表現します）。

現在の魚津簡易裁判所

①　仮に本件係争地上の引湯管を撤去することになると、四一七〇間の全引湯管の使用が中断され、温泉施設が利用できなくなり、七〇〇～八〇〇人の地域住民の大部分の生活は困難になるし、温泉を経営し、かつ鉄道収入を得ている被告の経営も不可能になる。

②　引湯管を本件所有地外に迂回するには、多額の費用（約一万二〇〇〇円）と日数（約二七〇日）を要し、かつ湯温が低下するおそれがあるうえ、代替地を求めるのが容易でない。

③　本件所有地は、黒部渓谷に臨む急傾斜地の荒地で、従来から天然のまま放置されており、とりわけ、引湯管の通過する本件係争地部分は、面積が約二坪であるところ、急傾斜地で、植林農作に適さず他に使用する方法がなく、一坪（三・三平方メートル）当たりの時価はせいぜい五～六銭に過ぎない。本件所有地のその余の部分もせいぜい一坪（三・三平方メートル）当たり二七銭か二八銭相当である。

④　原告は、本件係争地部分を含む本件所有地を何ら使用

する目的がなく、かつ引湯管の存在を熟知して買い受けたうえ、被告に対し、本件所有地とともに、付近一帯の原告所有の同様な荒地二二筆（筆《ひつ》は、土地の数を表す単位）余の約三〇〇〇坪（約一万平方メートル）を一坪（三・三平方メートル）当たり七円、計二万余円で買い取るよう要求した。

判決は、以上の事実が認められるとして、それによれば、原告の引湯管撤去の請求は本件係争地部分の所有権の行使に名を藉りた権利の濫用であって法の保護は受けられない、と判断をし、最終的に判決が確定したのです。

判決の評釈

宇奈月温泉事件訴訟の判決の概要は右に見たとおりですが、この訴訟事件については、別の理論構成も可能だったのではないかとの考えもあるのです（穂積重遠東大法学部教授『判例民事法昭和一〇年度』五二八頁）。

穂積先生は、前記大審院の「判例集の記載によれば、『本件土地の使用に付ては〈引湯管敷設〉当時（筆者注、前記のとおり大正六年ころ）の所有者Aが……爾来昭和三、四年頃迄（筆者注、前記のとおり原告が本件土地を取得したのは昭和三年ころ）毎年A方に於て該使用料を受領し居り（筆者注、持参払い。民法四七四条）、……同人に於ても暗黙に右使用を承諾せるもの』といふのであるから、Y会社（被告）は使用権を正当に取得して居るのでないかとも考えられる。……」、などと述べられています。もし被告に使用権が認められれば、権利濫用の判断にまで至らずにその理由で請求棄却できたと思われるわけですね。

でも、調べてみると、まず、①刊行されている大審院判例集（一四巻二二号一九六五頁）には「事実」という部分に、穂積先生指摘のような記述があるのですが、実は大審院判決の正本そのものの中にはこの「事実」とある記載部分は存在しないのです（記録の通し丁数の記載個所〈五三七丁〉の記述上明白です）。②判例集中になぜこのような記載があるのかよく分かりませんが、そもそもその記載のとおりだとしても、この個所の記載内容は、被告の主張を要約した記載個所にすぎないもので、原告が使用を承諾していることを裁判所が認定した記載であると理解するのは相当ではないのです。③第一審から第三審までの各判決書中、使用権につき明確に判断しているのは、第一審判決のみと言ってよいのですが、この第一審判決は、被告が承諾を得たと主張している当時の所有者自身を証人尋問したうえで、同証人の「証言に依れば、同人に於て本件土地内引湯管敷地の使用に付従来何人にも承諾を与えたることなかりし事実を認め得べきを以て、被告会社が本件土地内引湯管敷地の占有使用に付正当の権限を有せざるものと謂はざるを得す。」（第一審判決原本二二丁）と判断して、むしろ被告の使用権を否定しているのです。

これらによると、この三つの判決の関係で、判決後に使用権の関係を論じてもあまり意味がないように思われます。ただ、被告の使用権の主張はかなり具体的ですし、訴訟手続き上ではもう少し釈明・立証が可能だったのかも、との思いがしないでもありません。

ところで、右穂積先生は、この宇奈月温泉事件訴訟の判決につき、被告の使用権に関する前記問題のあることを指摘しながらも、「判例は……権利濫用の法理を全面的に採用することとなったのであり、判旨極めて正当、双手を挙げて賛成推奨したい。」と賛成の評釈をされています（前掲書同頁）が、権利濫用を肯定したこの判決は、当時の民法学者のおおかたに支持されたようです。中川善之助東北大学教授（民法専攻）は、引湯管を見て、次のように記述されています。「引湯樋管が、丁度お猿の電車（注・前記地上のトロッコ電車）の右手対岸の山裾にはっきりと見える。他の同乗者には、ただの枯木か名もなき路傍の雑草ぐらいにしか見えない一本の木樋が、私には、何か感激の発掘物ででもあるかのような一種の昂奮をさえ与えた。どの辺が問題になった土地かは知る由もないが、私は黒薙に着くまで、ひまさえあれば何の変哲もない対岸の引湯管をはるかに眺めていた」（「黒部の峡谷」『民法風土記』日本評論社一頁）。

ただ、皆さんもよくご存じのように、権利濫用とか、信義誠実（民法一条二項）、公序良俗（同法九〇条）というような、法律行為の要件等を一般的・抽象的概念を用いて定めている「一般条項」と言われるものについては、その適用が安易に、つまり「権利濫用の濫用」にならないように注意すべきだ、と戒められていることに留意したいと思います（本書一〇五頁）。

訴訟事件の記録

ところで、皆さん、訴訟事件が第一審、控訴審、上告審と順次審理されて終了した場合、その事件記録や判決はどこに保管されると思いますか。全部最終の上告審で保管したら量的に大変なので、第一審の裁判所に保存されるのです（民訴法規則一八五条、一八六条。ただし、保存期間の定めがあります）。宇奈月温泉事件の全訴訟記録は、判決書を含めて第一審裁判所であった魚津簡易裁判所に保管されています。

宇奈月温泉事件のその後

大審院の前記判決から八〇年が経過しましたが、判決後の経過などにつき見てみましょう。

① まず、本件係争地部分の使用料相当額について見ますと、原告の「請求を棄却する」判決があっても、被告には本件係争地部分を無償で使用する権利が生ずるわけではありませんから、被告から使用料相当額の支払が必要なはずです。ただ、前記のように、原告の訴訟提起ころまでは被告から支払っていた事実があることからすると、被告はその後も、支払をしたものと推測されますが、定かではありません。

② 本件係争地部分を含む本件所有地の状況について見ますと、大審院判決後である昭和一六年に原告から被告黒部鉄道（昭和一七年に現在の富山地方鉄道株式会社と商号変更しています）に売り渡されて所有権移転登記がされていますが、売却価額は明らかではありません。

③ さらに、本件係争地部分を含む本件所有地は、三筆に分筆され、そのうち二筆（計二六一平方メートル）が当時の建設省に売り渡され、所有権移転登記がされました。建設省は黒部川の宇奈月温泉の上流部に宇奈月ダムの建設工事を施工し、買い受けた同二筆の土地中一筆はダムの湛水池に、他の一

筆はダム管理用道路になりました。富山地方鉄道の所有地として残った土地は荒地のままのようです。

④引湯管について見ますと、判決当時は黒部鉄道の所有だったわけですが、昭和二五年六月に同社の後身である富山地方鉄道が、子会社として黒部観光開発株式会社を設立し、同社が引湯管の所有権を取得しました。そして、木製引湯管は全部合成樹脂管に取り替えられましたが、さらに前記ダム建設に伴い水没することになる部分については、付替工事をして、完成しました。新しく付け替えた引湯管は、建設省所有の前記の土地を通っており、新引湯管所有の黒部観光は建設省に対し土地使用料を支払っているようです。最初の木製引湯管（二四七頁写真参照）は、黒部観光で保管、展示されています。

⑤引湯管を通って宇奈月温泉まで流下した熱湯は、引湯管所有の黒部観光から同温泉の各ホテルなどに対して売り渡され（引湯管使用料の支払ではない）、一般家庭には売り渡されてはいません。

(2) 大学湯事件

温泉の話をしたので、もう一つ「湯」のことについて述べさせてもらうことにします。

前記宇奈月温泉事件は主として民法総則（一条）に関わるものでしたが、これから見る大学湯事件は民法の債権各論中の不法行為（七〇九条）に関するものです。たぶん、皆さんのうちで法学部の二～三年生時に、授業ですでに学習した人もあると思いますが、このように「大学湯事件」という学生に親近感のある名称で呼ばれる事案の判決（大判大正一四年一一月二八日民集四巻一二号六七〇頁）があるのでしたね。

民法上、他人の権利を侵害した者はこれによって生じた損害を賠償する責めに任ずる（民法七〇九条）のでした。ところで、京都大学付近で、「大学湯」という風呂屋があったところ、原告が、その建物を賃借するとともに、その大学湯という名称を使用して風呂屋業を営んでいたのですが、その後建物賃貸借契約を合意解除した際、家主が、原告が取り付けた設備、造作付きで建物を他人に賃貸し、「大学湯」の名称で営業させたのです。そこで、原告が、被告の行為により原告が老舗《しにせ》ないし暖簾《のれん》を失った（逸失利益）として、家主に対し損害賠償請求したのです。原審は、前記不法行為にいう「権利」を狭く解釈して原告の請求を棄却したのですが、大審院はこれを広く解釈して原審判決破棄差戻しの判決をして、学説から高く評価され（末弘厳太郎東京大学教授『判例民事法大正一四年度』五二四頁）、現在でも、先例として機能していると考えられているのでしたね。なお、差戻審では、老舗ないし暖簾は消滅したとして原告敗訴の判断をしているようです。

昭和三五年に、私は司法修習生として京都で実務修習しましたが、京都大学のすぐ近くにあった下宿の近くに、改装して間もない感じの「大学湯」という風呂屋があったのです。驚いて、地元出身の同期修習生に確認したところ、判例に出てくる風呂屋だというのです。何となく旧知の風呂屋のような気がして、良い気分で入浴したことを思い出します。

（本稿は、平成二〇年（二〇〇八）一〇月一三日の成城大学法学部における「裁判所から見た現代社会と法」と題する講演の一部分で、若干の加削をしたものである）

初出一覧

一　裁判官の理想像

1　殉教者的プロ意識——中村治朗さん
先輩から聞いた話㈠判例時報一九八九号（平成二〇年二月）

2　大人（たいじん）——近藤完爾さん・岩松三郎さん・内藤頼博さん
先輩から聞いた話㈡判例時報一九九二号（平成二〇年三月）

3　温顔と強い意志——岡垣学さん
先輩から聞いた話㈢判例時報一九九五号（平成二〇年四月）

4　大山康晴さんと升田幸三さん——安岡満彦さんと西村宏一さん
先輩から聞いた話㈣判例時報二〇〇四号（平成二〇年七月）

5　菊井ゼミ——菊井維大さん
汲めども尽きない泉——村松俊夫さん

静かなる強さ——田尾桃二さん
先輩から聞いた話㈤判例時報二〇一七号（平成二〇年一一月）
6　碩　学——松田二郎さん・鈴木忠一さん
先輩から聞いた話㈤判例時報二〇一七号（平成二〇年一一月）
7　包容力——小松正富さん
先輩から聞いた話㈥判例時報二〇三一号（平成二一年四月）
8　強靭な精神力——小林健治さん・吉田久さん
先輩から聞いた話㈥判例時報二〇三一号（平成二一年四月）
9　知の巨人——倉田卓次さん
先輩から聞いた話㈦㊨判例時報二〇五六号（平成二一年一二月）

二　裁判所あれこれ

1　裁判所あれこれ——合議を中心に
白鷗法学第一五号（平成一二年三月）
2　裁判官への贈物
裁判官訴追委員会事務局他編『裁判官弾劾制度の五十年』（平成九年一一月）
3　胴上げされた話
日本法律家協会中部支部『法曹中部』六七号（平成九年五月）
4　宇奈月温泉事件をめぐって
成城大学法学部における講演（平成二〇年一〇月一三日）

写真出所一覧

裁判所あれこれ

1　司法研修所『司法研修所第十四期二十周年記念誌』
紫宸殿　https://kotobank.jp/image/dictionary/nipponica/media/81306024009612.jpg
裁判官室　著者撮影

2　裁判官訴追委員会会議室『裁判官弾劾制度の五十年』（裁判官弾劾裁判所事務局・裁判官訴追委員会事務局編平成九年）

3　新潟地方裁判所旧庁舎『裁判所建築の歩み』（財団法人司法協会）
東京高等・地方裁判所旧庁舎　同

4　富山市から望む北アルプス立山連峰　パノラマ絵葉書「越中路の旅情」
黒部峡谷と引湯管　著者撮影
宇奈月温泉事件当時の引湯管　同
現在の魚津簡易裁判所　同

著者紹介

渋川 満（しぶかわ みつる）

1959年　中央大学法学部法律学科卒・司法試験合格
1962年～　判事補（新潟、東京）、検事（法務省・東京法務局訟務部副部長）、判事（東京、札幌、横浜）、裁判官訴追委員会事務局長（国会）、東京高裁判事、富山地・家裁所長、名古屋高裁判事部総括
1999年～　白鷗大学法学部教授、同大学法科大学院法務研究科長・院長
現　　在　弁護士

2004年　瑞宝重光章受章

主要著書　全訂民事訴訟法Ⅰ（補訂版）、Ⅱ、Ⅲ（共著）日本評論社

裁判官《さいばんかん》の理想像《りそうぞう》

2016年2月20日／第1版第1刷発行
2021年8月25日／第1版第3刷発行

著　者　渋川 満
発行所　株式会社日本評論社
〒170-8474　東京都豊島区南大塚3-12-4
電話　03-3987-8621（販売）
03-3987-8601（編集）
印刷所　精文堂印刷株式会社
製本所　株式会社難波製本
装　幀　レフ・デザイン工房

ISBN 978-4-535-52105-6